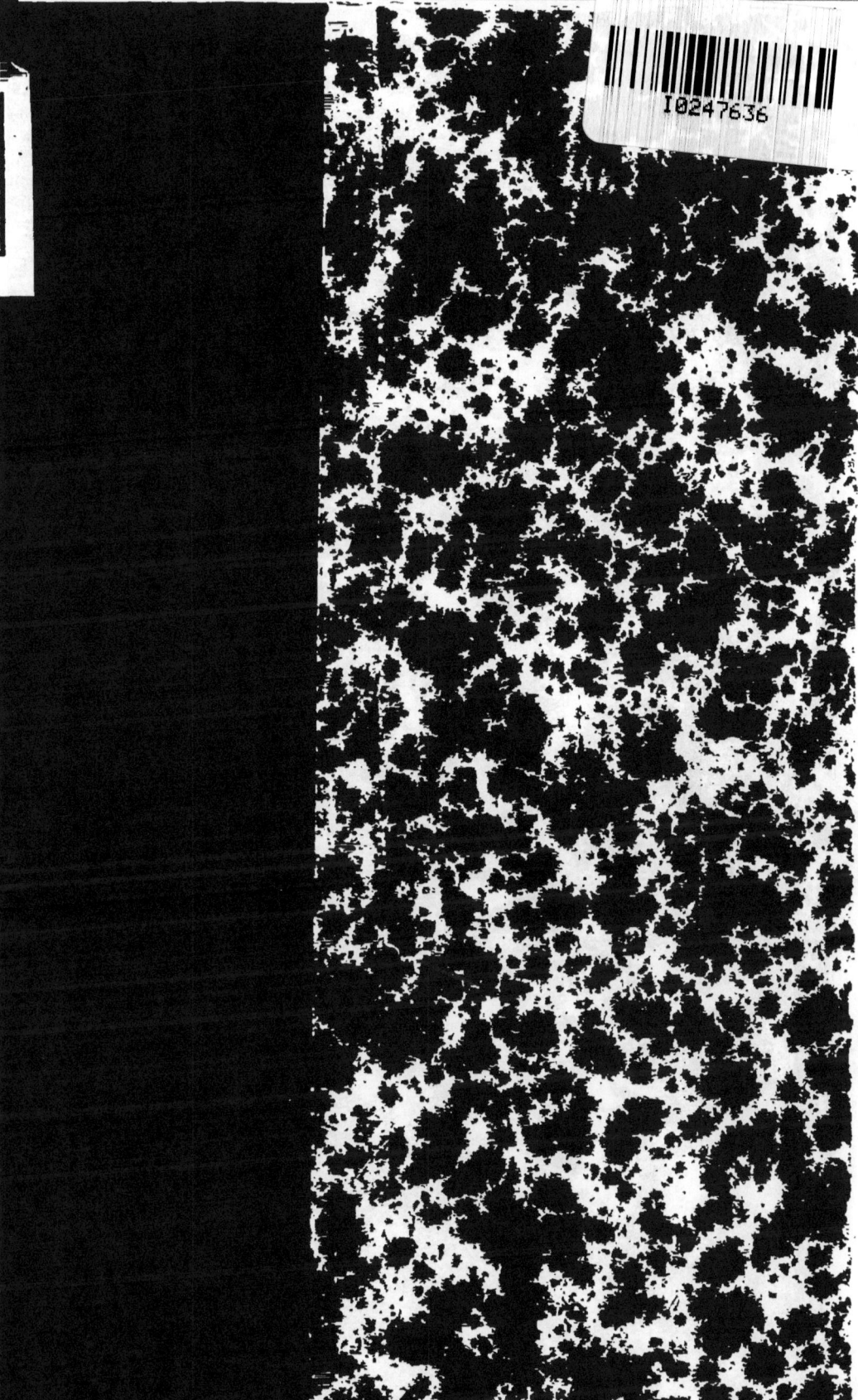

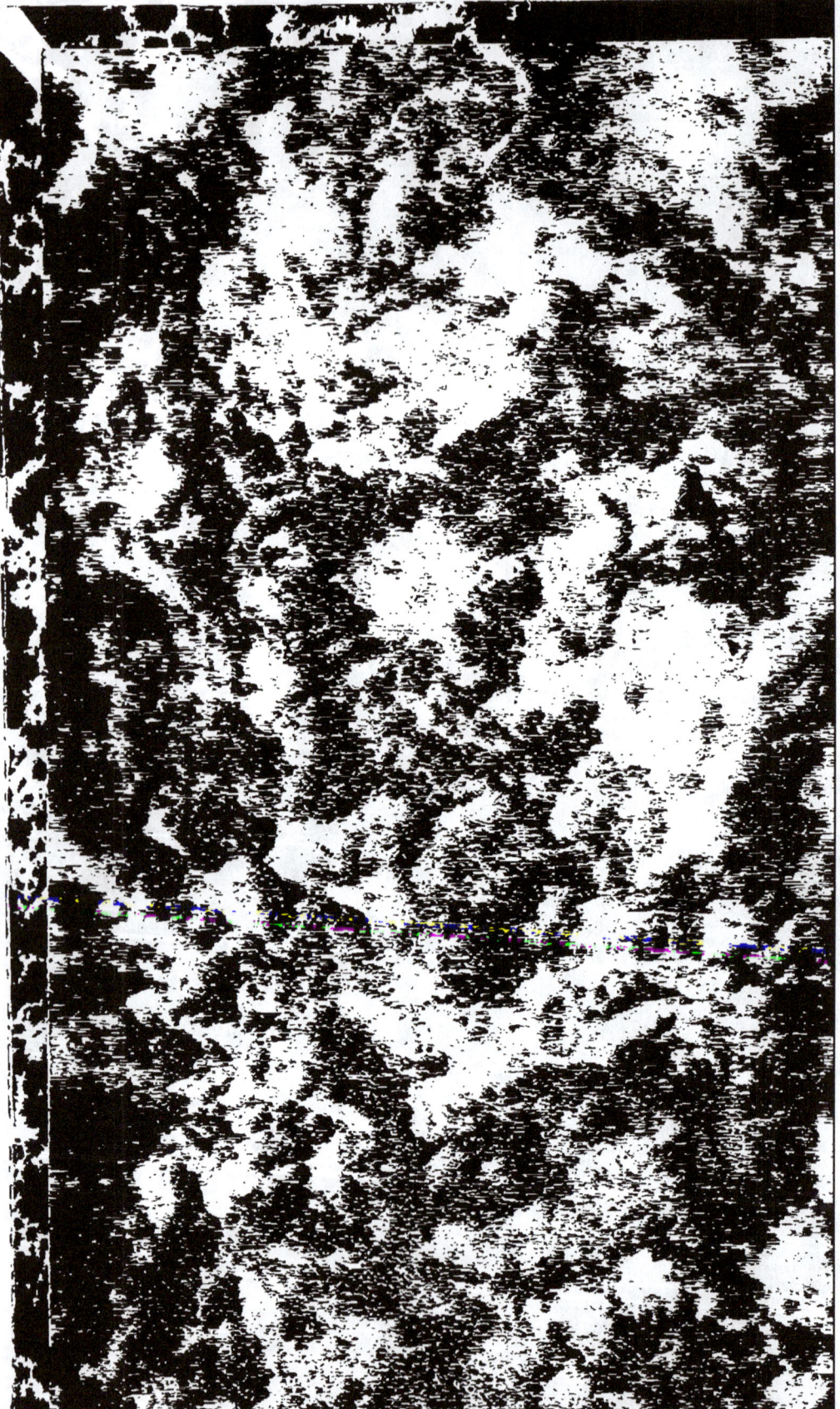

La négligence des Imprimeurs a laissé passer, en l'absence de l'Auteur, plusieurs fautes d'orthographe faciles à restituer ou à entendre par un Lecteur indulgent.

Par d'Artaize

R 3 vol
4 sb

NOUVELLES RÉFLEXION D'UN JEUNE HOMME,

OU SUITE A L'ESSAI SUR LA DÉGRADATION DE L'HOMME EN SOCIÉTÉ.

PAR M. le Chevalier de F***

A LONDRES,

Et se trouve à PARIS,

CHEZ ROYEZ, Libraire, Quai des Augustins.

1787.

AVERTISSEMENT.

Je ne prétends pas répondre à toutes les critiques ; soit peu même sont parvenues jusqu'à moi ; & je crois n'avoir rien de mieux à faire, pour terminer, une fois pour toutes, un article que je ne veux plus reprendre, que de développer d'avantage quelques-unes des réflexions, qui s'appliquent d'elles-mêmes à tout ce qu'on voit. Du reste, en traitant avec rigueur les femmes en général, je prie de croire que je n'ai pas prétendu soutenir qu'elles fussent toutes sans talens ou sans vertus ; mais généralement plus susceptibles de passions ; & par-là même, dangereuses quelquefois par l'abus du pouvoir.

NOUVEL ESSAI
SUR LA
DÉGRADATION
DE L'HOMME.

Les sexes sont sans doute établis à propos;
Mais en cela la nature eut en vue
Son intérêt plus que notre repos.

LA MOTHE.

Siècle galant! je vous étonne? Quelle audace en effet que de peindre l'objet de votre culte; que de le dévoiler; que d'oser y soupçonner quelques imperfections! Eh! dans quel temps encore? quand les femmes dispensent l'honneur & les richesses, quand elles règnent despotiquement, quand tout est femme, & que je puis,

en les blâmant, me priver de tous les bienfaits du siècle ! Pourquoi choisir cette matière ? Par quelle injuste haine, m'a-t-on dit, les charger en grande partie des malheurs & de la corruption successive des peuples ? Quel malin motif ? quelle vengeance ?......
Juges imprudens ! de quelle substance me croyez-vous donc ? quelle étrange idée avez-vous de moi ? Quoi ! tandis que le tigre, dans un cœur nourri de sang, éprouve les douces émotions de l'amour : moi, l'on me suppose sourd, l'on me suppose rebelle aux loix les plus douces & les plus générales de la nature ! l'on me croit insensible aux charmes de son plus bel ouvrage ! Pour Dieu ! pensez ce que vous voudrez de mes réflexions, & de mon livre ; mais n'allez pas jusqu'à me soupçonner plus stupide & plus infortuné que le farouche Groelandois.

Ah ! j'en jure par les mânes d'une femme qui n'est plus, hélas ! mais dont l'image adorée vivra éternellement dans mon sein ; elles me sont toutes chères ; je les porte inceſſamment dans mon ame, & les regarde comme la ſource de notre félicité dans une vie calme. Eh ! qui pourroit ne le pas adorer ce chef-d'œuvre de la création, dont l'homme ne ſemble que l'ébauche ? Quel cœur aſſez endurci, pour ne pas treſſaillir à l'aſpect de tant de graces & de beautés ? Non, femme ; abîme de jouiſſances incompréhenſibles ! cauſe unique du ſeul bonheur que j'aie goûté, perſonne ne vous aime plus que moi ! une ſeule, une ſeule d'entre vous me charma durant mes longs malheurs ; me ſoutint dans l'adverſité : ſon ſouvenir verſe encore dans mon ame palpitante l'ivreſſe & la joie. Eh ! comment pourrois-je, après une ſi douce épreuve, avoir le front ou l'ingratitude de nier le bonheur de votre exiſtence. Sexe enchanteur, ſexe toujours bien cher quoiqu'on en diſe ! tu ne ſais que trop à quel point je t'idolâtre ; avec quelle impétueuſe ardeur je défends, je ſoutiens tes droits & ce que tu as de bon : & j'ai vu, dans la joie de mon cœur, que toi seul ne s'est pas mépris sur le motif secret qui m'a fait écrire.

Si par malheur, en effet, je n'avois eu pour but que de rendre les femmes odieuses, il ne falloit que rechercher tout le mal qu'elles ont produit; qu'entasser, que grossir même tous leurs crimes; que surcharger tout ce dont on les accuse; que citer avec soin les guerres, les attentats, les dépenses, les funestes révolutions dont elles sont les uniques causes. Car, pour me borner à nos seules Annales, depuis Clotilde, quels maux, quelles dissentions n'ont-elles pas occasionnés ? Elles ont égorgé plus de dix millions d'hommes; elles ont ruiné cent fois la Nation, l'ont mise à deux doigts de sa perte; elles ont enfanté la moitié de nos massacres, de nos révoltes, de nos guerres. Quelques Lecteurs en douteront peut-être : à voir le fracas, le bouleversement qui fatigue une Nation, on ne soupçonne d'abord, je l'avoue, qu'une cause terrible & puissante. Que devient-on, lorsqu'un plus long examen découvre, qu'une fenêtre un peu plus, ou un peu moins grande, qu'une paire de gands met toute l'Europe en feu ? L'on ne pourroit sans doute s'empêcher d'en rire, s'il ne s'agissoit de la vie de plusieurs millions de nos frères. Mais ce n'est plus le moucheron de la fable; la mort vole, le sang ruisselle, les cadavres tombent de toutes parts, & la patrie désolée redemande à grands cris tant de membres utiles & précieux, perdus inutilement.

Quelle ame alors, fût-ce la plus féroce, ne se sent frémir ; n'implore le ciel contre tant d'horreur ; ne voudroit, au prix de tout son sang, racheter un malheur général ? Voilà ce que j'ai senti ; ce que je prétendois. Le Dieu qui sonde les cœurs, sait si le mien eut d'autres motifs ! Eh ! de vils citoyens, engraissés du sang de la patrie, des cœurs tous dégoûtans de haine & de vices, n'ont pu croire (ce peut-il, ô ciel !) qu'il existe des malheureux assez étrangers à cet amour de l'humanité, pour douter que l'on puisse tout entreprendre par le seul zèle du bien public.

Peuple que l'on méprise, jamais on osa vous éclairer sur le danger du despotisme féminin, sur ces menées ; jamais de rampans Ecrivains n'osèrent attaquer le crime heureux. Mais moi, que mes malheurs & mes fautes rendent incapable de vous servir autrement, je vous révelerai ces abîmes d'horreur : je ne tairai rien ; & peut-être effrayerai-je par la crainte de l'indignation publique. Ne dites donc plus avec surprise que, dans près de cent ouvrages sur les femmes, on n'en parla jamais comme je le risque. Eh ! quel homme, s'il n'est dévoré de la soif de votre bonheur, s'exposera aux suites douloureuses d'une telle témérité ? qui bravera la haine, la vengeance sanguinaire de la plus belle, de la plus forte, de la plus vindicative moitié du genre humain, s'il ne préfère votre repos, votre félicité à la sienne propre ? Je l'ai fait ; & quel qu'en soient le danger & les suites, je ne m'en repens pas ; je le ferois encore si j'avois à le faire.

Mais, en vouant ma plume au bonheur de mes semblables, Lecteur, croyez que je suis loin d'insulter à ce sexe foible, sans défense, & déjà trop calomnié par la nature ; je n'écoutois pas même cet orgueil reproché par le lion de la fable. Qui sait mieux que moi combien nous sommes imparfaits, à combien de vices nous sommes enclins? La seule différence peut être, est que l'homme peut réparer le mal qu'il fait ; il en a le remède dans sa main : la femme en est incapable & l'aggrave toujours. Au lieu donc d'être injuste, j'ose dire que je ne suis pas même sévère ; car de crainte qu'on ne m'accuse d'aller chercher des témoins ignorés, ou inutiles pour la fronder, je n'ai osé sonder le fond obscur de leur cœur, je n'en ai trahi à la hâte que ce qui tenoit absolument à mon sujet : La haine n'eût point été si réservée dans un si beau champ. Qu'à-t-on donc à me reprocher ? Injuste ennemi de leur mérite, leur ai-je refusé les rares, il est vrai, (& ce n'est pas ma faute) mais justes éloges qui leur sont dus ? Ai-je grossi les reproches, inventé des accusations, dit tout ce qu'on avoit à dire ? A peine ai-je au contraire effleuré la liste longue, effrayante de leurs passions, de leurs vices, de leurs crimes: j'ai passé légèrement sur tant d'horreurs (méprisant ce qui n'intéressoit pas la Nation); mais j'ai blâmé hardiment, je l'avoue, leurs défauts nuisibles. Ah! qui de nous les en loueroit ? qui d'entr'elles avoueroient ce que je leur reproche ? Toutes s'en cachent, s'en excusent ; moi seul ne puis-je les en blâmer publiquement ; en purifier celles qui me liront : & le vice est-il si intimement lié avec la femme, qu'on ne puisse reprendre l'un sans insulter l'autre ?

Non, non ! il faudroit pour cela que ces imperfections accidentelles, particulières fussent inhérentes à l'espèce, fussent générales : alors je me ferois tu ; mais je savois que si quelqu'unes, demasquées dans mes Ecrits, avoient droit de me haïr, il en est une foule trop au-dessus de mes censures pour les craindre, & qui m'ont rendu cette tâche plus d'une fois pénible. Que penser donc des jolis Journalistes qui n'ont osé parler de mon essai, comme trop sincère, comme peignant trop bien les femmes ? Hommes petits ! faux adorateurs d'un sexe que vous méprisez ! croyez-vous lui avoir donné une bien grande preuve de votre attachement, de votre estime ? Vous qui, dans l'ignorance d'une sotte galanterie, pensez de toutes les femmes ce que j'ose à peine risquer de quelques-unes en particulier ; vous qui, par un sentiment contraire, (car on ne craint pas de publier une calomnie dont on sent la fausseté) auriez dû me publier jusques sur les toits, si vous en connoissiez de vertueuses ; vous qui, le dirai-je enfin, avez si mauvaise opinion d'elles, que vous les croyez toutes pires encore que moi : femmes fiez-vous donc désormais à de tels défenseurs ?

Si le grand nombre ressembloit à quelques-unes de celles qui m'entourent, je n'eûs jamais songé à écrire la première ligne de mon triste livre ; mais ces rares citoyennes, contentes de faire le bonheur de tout ce qui les approche, fuient l'indécente cohue d'un monde corrompu qui les méconnoît ; renfermées dans le sein honorable de leurs heureuses familles, elles y vivent sans ostentation, sans s'agiter pour faire un Ministre, un Académicien, un Danseur ; & satisfaites d'un petit nombre d'amis estimables, tous leurs jours se passent dans la pratique austère, & cependant peu louée d'une vie toute domestique ; tandis que le vil rebut de leur sexe, monté souvent au faîte des grandeurs, achète, à force d'impudence & de corruption, le droit de disposer du reste de la terre. Quel malheur, si les femmes ne font jamais le mal à moitié ; si, dès qu'elles n'ont plus les vertus de leur sexe, elles en ont tous les vices à l'excès ; & si, dès qu'elles ne savent plus rougir, elles s'y abandonnent avec tout l'emportement de la fureur. Eveillons les Nations qui les écoutent, qui s'endorment dans leurs bras, comme Annibal à Capoue, & prouvons que depuis treize cents ans elles ont perdu une grande partie de l'Europe.

Imprudent!.... j'allois révéler des mystères terribles pour appuyer une vérité dont personne ne doute ; j'allois lever le voile qui cache.... ; il vaut mieux faire encore quelques réflexions sur le cœur des femmes, & puis abandonner pour toujours cette matière dangereuse.

Le motif qui m'a fait choisir ce sujet délicat est facile à saisir en ce siècle. Quiconque est versé dans nos annales en sent l'importance, & les nombreuses victimes de l'abus que je déplore ne s'en étonneront pas. L'homme corrompu, la femme criminelle seuls m'en voudront ; car respectant la vertu, louant ce qui est bon, n'attribuant jamais au général ce que je dis de quelques membres cangrenés ; je ne puis révolter ceux qui ne se reconnoissent pas dans mes censures : le mépris affecté, la colère, l'indignation de quelques Lecteurs, loin donc de m'effrayer, seront pour moi l'applaudissement le plus flatteur, le garant le plus sûr que je leur dis la vérité, puisqu'ils s'en offensent ; & peut-être pour le public l'affiche de leurs vices personnels. Mais il est une cause plus secrette, & qu'il faut moi-même révéler pour l'excuse de mon audace. Ayant eu l'éducation la plus négligée, je ne suis point assez instruit pour reculer les bornes vastes & pesantes des sciences ; & quoique le ciel, pour le soulagement de mes maux, m'ait donné le goût & la facilité de l'étude, il est trop tard, au tiers de ma vie, de m'appliquer à des élémens qui en consumeroient envain le reste. Mes persécutions, ma vie errante, & les gens que j'ai presque toujours rencontré sous mes pas, m'ont horriblement éclairé sur la difformité de l'homme : dans peu d'années j'en ai peut-être plus éprouvé, vu davantage que le vieillard le plus décrépit. Tournant donc en instruction ce dur apprentissage, j'éclairerai mon siècle de mes malheurs : puisse-je lui montrer à ce prix à prévenir ceux des autres & les siens !

En réfléchissant sur la décadence du goût, je me suis convaincu, par une longue suite de l'histoire, que le goût d'une Nation étoit en raison de ses mœurs, soit que le bon goût ne puisse régner dans une ame corrompue, soit qu'il demande de certaines qualités qui se perdent avec l'innocence, soit que n'étant que le choix des circonstances qui se rapprochent le plus de la nature, on en perde le sentiment à mesure qu'on s'éloigne d'elle. Chemin faisant je découvrois que son bonheur, sa gloire, suivent ce même état des mœurs, & j'ai cru très-important de rechercher la cause d'une altération qui a des suites si funestes. Source infectée de ce fléau terrible ! Ce n'est point dans les lieux bas & sans pente que vous naissez ; semblable à celle dont la nature fait couler ses ondes salutaires qui nous abreuvent, c'est des lieux les plus élevés que vous répandez votre poison destructeur : le peuple est trop pauvre, trop occupé pour inventer la molesse & le luxe, enfant de l'oisive grandeur ; la corruption vient de ceux qui furent au contraire destinés à l'arrêter, à l'étouffer en sa naissance : ainsi se corrompt dans la main pernicieuse de l'homme les instructions les plus sages ; car ce ne fut point sans doute pour les Rois qu'on inventa la Royauté.

Quelque systême que l'on admette, la simple raison démontre que l'homme n'a pas toujours existé ; qu'ouvrage d'une main uniforme & puissante, seul il s'est conservé le même parmi les terribles révolutions qu'a subi l'univers. Long-temps farouches possesseurs d'un terrein stérile, les hommes erroient sans patrie & sans loix, au gré de leurs grossiers besoins ; nulle limite encore ne bornoit les héritages ; se nourrir étoit l'importante affaire, & tout étoit commun, parce que tout étoit égal : le nom de maître & d'esclave étoit à naître ; la force seule décidoit de l'empire, & pour ne pas rencontrer de concurrent, on se fuyoit : l'amour, ce besoin si poignant, si furieux, l'amour, dont toute la nature soupire, rapprocha les deux sexes ; l'union étoit courte, mais les gages d'un attachement réciproque vinrent la prolonger, firent naître la société, & d'elle tous les maux inséparables de l'union de plusieurs êtres imparfaits & jaloux. Bientôt l'inconvénient d'une liberté sans borne se fit sentir : toujours jouet de la force, le foible ne pouvoit rien posséder ; les desirs aussi grossiers qu'impétueux ne respectoient rien ; chaque instant voyoit éclore des dissentions, des disputes, des combats, des meurtres : dans ces climats abondans que l'homme habita d'abord, ce ne fut pas la faim sans doute qui fit couler le premier sang ; les campagnes, les forêts, les rivières offroient une nourriture aussi saine qu'abondante ; la jalousie, cette compagne, cette nécessité de l'amour ; la jalousie, prête à tout moment à s'armer du feu ou du poison, égorgea le premier homme & fit trembler ses foibles associations. L'intérêt commun forçant de songer au remède, on s'assembla, on fit parler l'airain. L'autorité paternelle, si antique, si précieuse dans ces jours de bonheur, où l'homme encore bon veilloit à la félicité de ses proches, fit naître ensuite l'idée d'un chef commun, elle en fut au moins le modèle, & la vieillesse reçut le double pouvoir de la nature & d'une convention publique. Tant qu'il fut permis de choisir la main dépositaire de la sûreté générale, on eut de vrais défenseurs, des exemples immortels de vertus ; le chef étoit l'appui du foible, la terreur du vice ; & tel étoit son but : car il faut être né sur le trône pour s'imaginer que des millions d'hommes sont trop heureux de sacrifier leur bien, leur sueur, leur vie même aux plaisirs de quelques individus.

*

. . . .
. . . .
. . . .
. . . .
. . . .
. . . .
. . . .
. . . .
. . . .
. . . .
. . . .
. . . .

N'ayant pour but que de se rendre heureux, nos vénérables ancêtres, dans le choix des premiers chefs, ne s'arrêtoient pas à la noblesse; dans ces temps d'innocence elle n'étoit pas un mérite: je me trompe, n'étant que personnelle, que le prix des actions d'un chacun, tout homme vertueux étoit noble; il l'étoit, puisque sa capacité, sa valeur, sa mâle constance, le rendoient utile à sa patrie; il l'étoit, en lui donnant l'exemple des vertus, en versant son sang pour elle, en l'enrichissant de citoyens dignes de le remplacer & de la consoler de sa perte ; il l'étoit encore, en se dévouant sur le trône à son bonheur ; car la couronne s'honoroit alors de ceux qui la portoient, tandis qu'aujourd'hui c'est elle qui honore. Déplorable changement qui prouve combien nous sommes déchus !

Rarement la jeunesse fut choisie pour veiller à la félicité publique ; elle parut trop emportée, trop âpre au plaisir, trop pauvre d'expérience pour risquer entre ses mains le sort de toute une Nation : d'ailleurs un Royaume est une machine trop compliquée, trop délicate pour cet âge pétulant; il faut une patience, un courage si rare pour suivre lentement un plan sagement ordonné, pour ne rien brusquer, & tâter, corriger petit-à-petit des abus, des vices qu'une précipitation mal placée ne feroit qu'irriter, pour ne rien donner qu'à la sagesse, & fouler aux pieds toutes ses passions, qu'on ne pouvoit s'assurer, par une trop longue expérience, des qualités de ceux à qui l'on se soumettoit ; & puis trop faite pour la guerre & le mouvement, elle en eût peut-être fatigué la Nation sans nécessité ; quelque bonne disposition même qu'elle eût apporté en montant sur le trône avant que d'acquérir les connoissances & la modération nécessaire, que de fois elle pouvoit tout perdre.

Si la jeunesse parut alors un motif suffisant d'exclusion pour l'homme, songez quelle foule de raisons plus graves en repoussent la femme, toujours enfant par la nature, toujours en tutelle selon les loix. Avec quelle sage précaution tous les peuples dans l'enfance & la pureté de l'univers, la reléguèrent au fond de nos ménages, lui fermant, tant qu'il étoit possible, toutes les avenues du pouvoir, bridant, par des loix sévères, ou par la pluralité des esclaves, son ambition & son adresse. Dans Ceylan même, où les droits du sexe sont au plus haut point, puisque tout ce que portent les bêtes de charge femelles ne payent aucun impôt, par une loi expresse & peut-être sans exemple ; cependant une femme quelconque n'ose s'asseoir sur un siège en présence d'un homme : combien elle étoit peu de chose autrefois. Quelques exemples isolés ne prouvent rien contre, & annoncent ce que l'on doit attendre de leur empire. Une guerre civile s'étant élevée parmi les Celtes, fut éteinte par la médiation des femmes : en reconnoissance on érigea un tribunal, où elles jugeoient les différens des particuliers. L'injustice de leurs arrêts, dictés toujours par la plus vile partialité, les priva bientôt de cette honorable prérogative. Que ne m'est-il permis d'analyser ces règnes féminins tant préconisés ! Que de frivolités, d'enfantillage, d'injustice ! J'y ferois voir du gigantesque pour du grand ; des mouvemens, des efforts incroyables pour de petits effets, & peut-être sous l'apparence du bien, le germe trompeur des plus grands maux, & la ruine des Etats. Puisque nous avons une loi salique, n'insultons pas aux étrangers : contentons-nous d'éclairer fur un defpotifme plus fecret & non moins funefte.

La balance établie dans l'Europe ne laiffe plus craindre l'orgueil vagabond des conquérans, ni l'avidité d'un voifin jaloux; chaque Nation veille à ce qu'aucune ne s'agrandiffe trop, & graces à cette fage politique, il ne refte plus qu'à contenir l'intérieur des Etats, qu'à maintenir l'harmonie, l'équilibre & le bonheur. Mais c'eft-là qu'il faut fixer un œil infatigable; qu'il faut écrafer le moindre germe de diffention; qu'il faut repouffer & l'ambition & l'orgueil; c'eft-là que fermente le venin des révoltes, & c'eft delà que partira, fans doute, la révolution qui menace l'ancien Continent, ruiné de vices.

L'Europe n'eft-elle pas arrivée à ce point de corruption qui fit périr les plus anciennes Monarchies? Comme, dans le corps humain, il eft un degré de mal que les Etats n'ont jamais franchi. Voyez la Perfe, l'Egypte, la

Grèce, Rome, tous ces vastes Empires qui sembloient ne devoir mourir qu'avec l'univers : la perversité des mœurs, l'injustice des chefs, les journalières révolutions des fortunes les firent tomber en un moment. Croyez-vous que les mêmes excès, poussés avec plus d'emportement encore chez les modernes, les épargneront ? Ne sommes-nous point à ce terme de décrépitude & de délabrement, où la machine doit s'écrouler ? Pouvons-nous subsister long-temps encore comme nous sommes ? Si la bonté du Gouvernement ne servoit en rien au bonheur ou à la durée des Royaumes, pourquoi donc perdre une partie de notre liberté, en obéissant à des Chefs ? pourquoi punir le scélérat si la vertu est inutile ? Grand Dieu ! qui l'a jamais dit ? On ignore, je le veux, où commence le mal, ce qui rend les Loix les plus sévères impuissantes à modérer le luxe ; par quel degré les mœurs se corrompent : toutes les causes secondaires & particulières sont inconnues, soit ;

mais personne a-t il jamais douté que tant d'Empires ne soient tombés par l'avilissement des hommes, l'abus de l'autorité, la débauche, les crimes & les mécontens.

Dans ces siècles nouveaux, la terre impraticable n'offroit guères de routes faciles ; les hommes se communiquoient peu : concentrés dans les bornes étroites d'un même coin du monde, les vices n'en infectoient qu'une petite partie à la fois. L'Assyrie tomba dans les mains d'un peuple brave, sobre & vertueux. La Grèce sauvage, quand elle hérita des arts & des richesses de Memphis, conservoit encore toute l'énergie de la nature & de la vertu. Rome offre presque la même progression. Ce n'est plus cela maintenant : l'insatiable avarice ne fait plus de l'Europe entière qu'une même nation, également dégradée, également dissolue; qu'un peuple où l'or circule comme les vices ; & la chûte doit en être générale & soudaine, comme elle fut autrefois successive & particulière ; ce sera un héritage

héritage livré au pillage, faute d'un héritier capable d'y ramener l'ordre & la justice.

La raison en est aussi simple que puissante. Le Despote le plus farouche ne pouvant asservir ni l'ame, ni les volontés; ne pouvant changer l'essence des choses, ni me prouver que je suis bien quand je souffre, & que tout me manque : les peuples se lasseront enfin de cet état de marasme & de contrainte; ils en chercheront un meilleur, & fuiront s'ils sont libres. Fatigué d'une trop longue oppression, dégoûté d'une patrie qui ne lui présente aucun avantage, d'une terre usée qu'il arrose en vain de ses sueurs, d'un bien qu'il cultive pour les autres, l'homme écoutera cette inconstance naturelle qui lui promet toujours le bonheur par-tout où il n'est point. Attiré par les charmes d'un nouveau climat qu'embellit le plus beau ciel, les vertus d'une société naissante, les facilités qu'on offre à l'étranger, il est à craindre qu'il n'en préfère les douceurs à ce tertre de fer,

B

où l'on se rit de sa vie & de sa félicité ; ses enfans, sa femme, ses parens l'y suivront ; il n'aura rien à regretter ; & s'il tourne, en partant, un œil humide sur les tristes reliques de ses ancêtres, sur le berceau qui l'a vu naître, un moment de réflexion, l'espoir d'un avenir heureux renfonceront ses larmes ; & il bénira le jour, l'heureux jour où il achetera de leur perte enfin la paix & l'aisance. Si l'on s'obstine à le retenir, il se révoltera : car mourir d'ennui, de faim ou par le fer, qu'importe ? Et le signal une fois donné, comme l'Europe est à peu-près dans le même état, qui répondra que la révolte, la secousse, l'embrâsement ne soient général ?

Je ne prétends pas dire pour cela que l'Europe soit jamais déserte & sans Maître : les riches resteront ; ils ne peuvent emporter leur bien : mais que font-ils ? peu de chose. Ils ne peuvent vivre sans le journalier ; & c'est lui qui fuira avec son travail & son industrie. Je sais qu'une Nation est un amas confus de familles, qui toutes ayant leur intérêt particulier, il faut une puissance quelconque toujours agissante, qui resserre chacun à sa place, & fonde l'intérêt particulier dans le général, autant que faire se peut. Mais je dis que, si loin de maintenir l'ordre & la justice, l'autorité pervertie se souille elle même des excès les plus monstrueux, & verse par-tout le crime, le malheur, l'oppression; il vaudroit cent fois mieux que tout fût encore comme à la naissance du monde, sans maître, sans oppresseur, & qu'on pût se défendre : car enfin on seroit quelquefois le plus fort. Non sans doute l'Europe ne restera point sans maître ; mais s'il lui reste encore quelques habitans, tout y sera dans la confusion, l'anarchie, les horreurs des guerres & des cabales ; jusqu'à ce qu'il vienne une puissance habile, qui s'asseoie avec terreur sur ces flots de cadavres & de sang : on aura beau dessécher les peuples de misère, les courber sous le plus affreux despotisme ; je doute qu'on

B 2

impose silence à cent millions d'hommes au désespoir.

Peu trouvent leur compte à l'injustice des Chefs; & lorsqu'un Prince injuste enrichit une centaine d'esclaves, ce n'est qu'en épuisant, qu'en révoltant le reste de la Nation. Le peuple peut-être ignore comment s'est établie la puissance d'un seul ? mais il sent pourquoi elle le doit être ; puisqu'il est né libre ; & dès qu'il verra tous les effets contrarier le sentiment intime, qui lui dit que les Rois sont nés pour lui & non lui pour les Rois ; puisqu'en tout le plus grand nombre l'emporte, on doit craindre qu'il ne s'abandonne à son mécontentement avec d'autant plus de fureur, qu'incapable de raisonner, il n'écoute que son aveugle instinct du bien-être. Que peut-il penser en effet de ses Maîtres, lorsqu'ils insultent à sa misère par le luxe ? Quand ils l'exposent à la mort dans une guerre inutile & personnelle ? quand parmi l'épuisement de tant de dépenses, il les voit doubler les impôts, les contributions de tout genre (sans rien diminuer de leurs dispendieux plaisirs, de leurs prodigalités), sous prétexte du bien de la patrie ; & inventer chaque jour de nouvelles taxes. Eh ! que m'importe, dira-t-il, comme l'âne de la fable, à qui j'appartienne ? Puis-je être plus vexé ? ma foi, l'on ne peut faire pis que de me faire mourir de faim, comme je le fais déjà.

C'est dans les Monarchies sur-tout que ce désespoir est à craindre. Dans une République, les soupçons & la haine sont partagés ; mais, sous un seul Maître, on sait à qui s'en prendre, de qui l'on croit avoir droit de se plaindre ; & le désespoir éclate avec d'autant plus d'horreur, que, repoussé dans le fond des ames par la crainte, il y fermente long-temps. L'essence d'une Monarchie est d'être le meilleur ou le plus détestable des Gouvernemens : point de milieu. Une main habile peut rajuster les ressorts brisés d'un Etat languissant. La République éteinte, Rome vécut encore sous l'empire d'un seul : malgré les crimes d'un Néron, d'un Caligula, de tant d'autres monstres, elle eut même quelques jours de gloire & de félicité ; mais ce fut son dernier changement, & se sera toujours la fin de tous les Empires, comme l'histoire le prouve. Je ne veux point rechercher quels sont les avantages de l'un & de l'autre Gouvernement. Enfant d'une Monarchie, mes jours y coulent avec assez de tranquillité, & cela me suffit ; ce que je crois seulement devoir assurer, c'est que le vice y triomphe plus aisément ; qu'il s'y porte à des excès plus affreux, & que près du Trône il a des suites bien étendues. *Quidquid delirant Reges, plectuntur, Achivi*, a dit Horace, & Rome n'avoit encore eu qu'un maître. D'après cette vérité terrible, qu'on ne peut révoquer en doute, quoi de plus à craindre qu'une femme pleine de foiblesse & d'ignorance ; quoi de plus propre à faire délirer les Rois que ces concubines, intéressées à corrompre ces Maîtres du monde, à les détourner des affaires, à fomenter leurs paſſions, à les plonger dans les vices, où elles font toutes puiſſantes, à étouffer les murmures de la Nation, à déchirer un Etat, dont elles accrocheront toujours quelques lambeaux.

Chefs du peuple ! je ne veux point vous calomnier ; je ſais combien eſt épineuſe & pénible la place que vous occupez ; mais je ſens que nous ſommes ſi imparfaits, qu'il vous eſt preſque impoſſible de triompher quand il vous faudra vaincre vos propres foibleſſes, & les ſéductions d'autrui. Que vous ayez le courage d'y réuſſir une fois : répondrez-vous de le renouveller chaque jour ? Voilà pourtant le miracle qu'il faut eſpérer de ceux qui font aſſeoir les paſſions ſur le Trône, qui laiſſent flotter dans la main avide des femmes, les rênes de l'Etat, & font dépendre de leur caprice ou de leur intérêt le bonheur du peuple. Si la modération & la vertu ne décorent les Rois, de quel droit l'exigeroient-ils de leurs ſujets ? Peuvent-ils être injuſtes & criminels, & punir l'injustice & le crime? Oublient-ils pourquoi ils sont élus, & qu'ils nous doivent l'exemple de la sagesse & de l'équité?

Les Souverains qui ont les meilleures intentions, ont bien de la peine à rendre leurs peuples heureux, à prévenir tous les abus, à toujours être équitables : se flatteroient-ils, en joignant à leurs vices, les vices plus nombreux & plus effrénés non-seulement d'un sexe imparfait, mais de ce qu'il a même de plus imparfait (telles sont les prostituées, peu dangereuses dans l'ombre, mortelles à la tête d'une Nation), se flatteroient-ils de marcher constamment, d'un pas inébranlable, au milieu des pièges renaissans, des pièges imperceptibles dont on les environneroit?

Qu'ils rentrent dans leur cœur; qu'ils sondent les motifs qui les soumettent aux femmes; pour quelle raison ils en triomphent si facilement; & qu'ils osent assurer ensuite, ou qu'ils sont sûr d'eux, ou bien qu'ils recevront des conseils prudents & vertueux de celles qui n'ont pu se conduire elles-mêmes.

On n'aime les femmes que pour le besoin des sens ou de l'amour ; &, quoique différemment nobles, ces deux causes n'en sont pas moins puissantes. Il faudroit avoir une connoissance bien fausse du cœur humain, pour ignorer jusqu'où l'emportent & l'égarent ces deux intérêts si terribles. Dans l'Univers entier je ne connois que César qui n'en ait pas été l'esclave : jamais les femmes ne l'occupèrent que lorsqu'il n'avoit rien de mieux à faire. Faut-il que Henri IV, ce modèle des grands Rois, des héros, des amis, ait montré quelquefois tant de foiblesses près d'elles. Ce n'est point dans les champs d'Arques, défiant la mort, terrassant les ennemis, que je l'admire (la valeur est héréditaire dans son sang); ce n'est pas relevant avec effroi le généreux Sully ; car, enfin, puisque les Rois ont une ame, pourquoi seroient-ils incapables d'amitié ? c'est quand une femme intrigante, acariâtre, le fatiguoit de ses plaintes, de sa coquetterie, l'enivroit de plaisir pour l'engager à chasser son Ministre ; & qu'il osa, malgré son amour, enfin une fois lui résister, & l'écraser de son mépris. Qu'il me paroît grand, héroïque, sublime alors ! Comment, après un tel effort, pouvoit-il retomber ? Ah ! si ce héros, cet homme rare, ce père de la patrie, dont je ne puis me lasser de répéter le nom & d'adorer la mémoire, si Henry, dans sa grande ame, en fut tant avili, hommes communs que n'avez-vous pas à craindre ?

Supposant pour un instant les femmes sans vices & sans passions, elles feront toujours du mal, en volant aux Rois le temps qu'ils avoient juré de consacrer tout entier aux soins de leurs peuples ; en les détournant des affaires ; peut-être même en les en dégoûtant tout-à-fait ; en nous faisant tomber entre les mains des subalternes, plus attentifs à s'enrichir qu'à nous rendre heureux : tout le bien qu'un bon Roi peut faire eſt perdu ; l'émulation, la gloire, la vertu ſe taiſent : & tout va mal, par cela ſeul que tout ne va pas bien.

Que ſera-ce ſi nous leur ſuppoſons quelques défauts ? & quels penchans les plus vicieux n'eſt-on pas en droit de ſuppoſer à celles qui foulent avec tant de ſécurité & d'audace l'honneur & les remords ; qui ſe rient de tous les préjugés, & chez qui la honte même ne ſurvit pas à la chaſteté ? La pudeur eſt le ſentiment le plus naturel à la femme : la vertu la plus ſacrée, l'unique peut-être, c'eſt la chaſteté. La nature, les loix, l'opinion, ſi peu d'accord dans tout le reſte, ſe confondent & s'uniſſent ici pour l'entourer & la preſſer de tout ce qui a priſe ſur le cœur humain, afin qu'elle ne puiſſe avancer que vers ce but ; le reſte eſt ſi peu de choſe, que tout manque à celles ſans honneur. On a beau me vanter le mérite de quelques femmes galantes : certes je ne vois guères de quoi elles peuvent ſe vanter encore. Sont-elles chargées des intérêts des Nations, du soin de les défendre? doivent-elles insulter à l'ennemi, braver la mort? exige-t-on qu'elles soient bon Militaire, bon Avocat, bon Pilote, bon homme d'Etat…? Non, non: qu'elles soient femmes vertueuses, mères tendres, compagnes sensibles; voilà tout leur devoir: le reste est l'abus de leurs charmes, le fruit de notre foiblesse, & le ridicule des deux sexes.

La vertu chez une femme suppose la tempérance, la douceur, la modestie, l'amour du travail, de la retraite, l'attachement pour sa famille, la décense dans les propos: la vertu raffermit son ame, la purifie des goûts volages d'une jeunesse sans expérience, de tout ce charlatanisme de nos belles coureuses: comparez une femme honnête avec ces caillettes, le joujou, le pis aller des oisifs? Comme la démarche noble, la sérénité de la figure, le calme des manières, l'air paisible & serein annoncent la première avec avantage: on la sent à son aise & contente, on l'est soi même : on ne peut, en l'abordant, se défendre de l'intérêt & du respect ; non de ce respect froid, forcé, factice, du vil courtisan, qui approche en rampant un Maître qu'il méprise au fond du cœur ; mais de cette vénération, de ce sentiment intime d'étonnement & de plaisir, qui part de l'ame, & l'élève à la vue de tout ce qui est noble & grand. L'autre est jolie, vive, amusante & nous occupe un instant, comme ces animaux dont on examine avec surprise les gambades & les singeries ; mais qui ne disent rien à l'ame, & qu'on fuit bientôt avec dégoût. Il n'y a, sans doute, qu'un fond bien grand de bassesse ou de passions terribles, qui puisse ravaler la femme à ce honteux métier, l'endurcir contre le mépris, & lui laisser goûter les durs plaisirs d'un pareil avilissement. Payer une femme, c'est acheter cependant le droit de la mépriser.

Il faut être bien hardie, bien familiarisée avec le crime pour oser briguer publiquement la place de concubine des Rois : un cœur délicat en frémiroit ; il ne pourroit supporter l'idée d'être en proie aux regards, aux colloques de toute une Nation, l'idée d'un déshonneur public : l'amour lui-même, jaloux des faveurs qu'il accorde, les refuse long-temps, lorsqu'un autre intérêt peut en être soupçonné : & ce n'est pas sans doute en songeant à lui, que J. B. Rousseau à dit, qu'il est *facile aux Dieux de séduire une belle.* Il n'est point d'autre Dieu pour une femme sensible & délicate, que l'homme aimable & de mérite qui sait lui plaire ; quelque rang d'ailleurs qu'il occupe. L'éclat des grandeurs, la soif de l'or, la pitoyable vanité de faire parler de soi est l'écueil le plus commun où va se briser la vertu féminine. Il peut arriver quelquefois, néanmoins, par un hasard incroyable, qu'une femme aime un Roi pour lui-même, comme la tendre la Valière. Que, vaincue d'un an de résistance de son cœur, des timides respects d'un homme ardent & redoutable par son propre mérite, elle oublie le Monarque & cède, en se débattant, à l'amant sensible : mais l'innocence de sa vie passée, la délicatesse de son ame, la modération de ses desirs, son éloignement des affaires & de l'intrigue, sa honte secrette, sa honte au milieu des acclamations, des honneurs, des respects publics, justifient, garantissent avec éclat la vérité de son attachement. Avouons-le sans détour, ces phénomènes sont rares ! Il fallut une circonstance unique pour enrichir de ce bonheur immense la vie de Louis XIV, & nos Annales n'en fournissent pas deux traits ; le reste se prostitue sans honte à l'ambition, aux richesses; &, n'arrivant au lit des Rois qu'à force de libertinage & de vices effrontés, ne songe dans son infamie qu'à rassasier les passions auxquelles il se vend.

Toutes les femmes ne conduisent pas au crime, je le veux croire ; mais toutes agissent conséquemment à leur passion ; toutes en imbibent leurs amans ; toutes les forcent à penser comme elles pensent, à servir leur goût : ce qu'elles obtiennent toujours, ou se font chasser. En effet, ouvrez l'Histoire, & vous verrez, sans considération de circonstance ou de tems, le peuple accablé d'impôts, de dépenses, de guerres, de fêtes (dont il ne fait, comme on dit, que payer les violons), au gré de ces femmes : dès que vous voyez la misère, l'oppression, le malheur par-tout, assurez-vous qu'elles règnent ; & cela est conséquent : car puisqu'elles n'amassent, ni honneur, ni considération dans leur métier, il leur faut de l'argent ou du plaisir. S'il est dangereux d'écouter les femmes en général, il l'est bien plus d'écouter celles qui font profession publique de vice, & de dissolution. Qu'en attendre ?

Voyez ce qu'elles font sur le Trône, je dis les Phrinès. Je suppose une Reine trop intéressée à la gloire de son époux, au bonheur de ses sujets, à l'état des peuples dont elle devient la mère, pour tout affamer par de folles dépenses, pour s'abaisser à l'injustice, & se jouer de la vie des citoyens qui l'ont adoptée. Si l'on peut reprocher aux femmes quelque chose dans ce poste, quand elles y ont trop d'empire, c'est de vouloir régner, de vouloir être, comme Agrippine, l'instrument qui dirige tout, & de faire tomber sur ceux qui leur plaisent des récompenses dont elles privent l'homme de mérite ; c'est de s'entourer de quelques intrigantes, & de faire tout dépendre de ce ridicule conseil d'Etat, plus puissant quelquefois que légitime. Mais la concubine, trop vile pour sentir son infamie, pour craindre le mépris, affiche son incontinence par un luxe & des prodigalités aussi scandaleuses, que mortelles pour les peuples, d'où l'on arrache toujours de quoi soutenir ses dépenses : incapable d'aimer une patrie qu'elle déshonore, de s'intéresser au bonheur de la Nation, elle s'inquiète peu qu'elle languisse de misère, que tout meurt de faim, il lui faut des juppes, des diamans, des châteaux, des Provinces entières, des chemins commodes, des fêtes; & si l'argent manque dans les coffres, eh bien! qu'on mette des impôts ? les parens, les amis, les alliés, les esclaves, tout se ressent de sa faveur. Quels flots d'argent ! quel surcroît de dépenses inutiles, dont le pauvre se passeroit bien ; car il n'a pas besoin, comme le disoit Sully, de tant de cousins, de parens ; c'est assez pour lui d'avoir un maître & des valets à nourrir.

Tout cela n'est rien encore ; son plus sinistre effet, c'est de ne pouvoir souffrir un homme méritant & vertueux en place, & d'y ramasser ce qu'il y a de plus vil, pour avoir des appuis, des complaisans. Si un Ministre est assez grand par hasard pour ne la pas craindre, & refuser d'être le complice de ses dépradations : Je te ferai chasser, lui écrit elle ; &, dès le jour même, elle y porte une de ses créatures, dévouée non-seulement à ses ordres, mais qui les prévient, & se fait un honneur facile auprès d'elle d'une géhéroſité qui ne lui coûte pas grand-choſe, comme on s'en doute. Alors tout dépend d'elle ; elle devient la diſpenſatrice des graces, l'entrepôt de toutes les places, le canal de toutes les richeſſes ; plus de choix, d'équité, de diſcernement, d'émulation pour le bien. Dans cette confuſion de la faveur & de l'intrigue, que fera l'homme de mérite ſans protection, ou qui dédaigne celle du vice ? Le citoyen utile ſeulement à ſa patrie, le citoyen trop zélé pour perdre, à ſolliciter le fruit de ſes travaux, un temps qu'il croit devoir conſacré tout entier à l'Etat ? Que deviendra le génie obſcur & ſans reſſource ? que feront tant de malheureux attachés à la glèbe dans le fond des provinces ; ces pauvres laboureurs que dévorent les favoris d'une maîtreſſe, quand perſonne n'oſera recueillir leurs larmes & les porter aux pieds d'un maître inutile ? Et l'indigent, incapable de lâcheté & de ſervir le crime, quelle ſera ſa reſſource ? Qui voudra mériter péniblement des graces, dès qu'on les vole par l'intrigue ? Qui servira, qui aimera l'Etat, quand tout y est au pillage, quand tout devient la proie de quelques courtisans ? N'est-il pas plus simple alors d'être le valet, le complaisant d'une prostituée ; de s'en rapprocher, de se couvrir de honte ; & d'oublier dans le honteux, mais lucratif métier d'esclave, une vertu & des talens qui ne sont plus de mode. Quel moyen facile n'a-t-on pas de surprendre un maître ? François Ier, montrant la Duchesse, d'Etampes à Charles-Quint, lui dit: cette belle dame m'a conseillé de vous faire annuller le traité de Madrid. Le lendemain l'Espagnol, en se lavant, laisse tomber exprès une bague de prix : la Duchesse la ramasse ; veut la lui rendre : non, Madame, dit le fin Monarque, elle est en trop belle main. Chacun le comprit ; & la Duchesse ne parla plus de l'arrêter.

Je connois un pays, où, lorsqu'il

n'y a point de maîtresse en titre (*), on s'adresse aux femmes les mieux en Cour, & on leur dit : Mesdames, voici mille louis ; si vous me faites obtenir un tel poste ils sont à vous. Le tout est conditionnellement déposé chez un Notaire (je me sers de ce mot pour désigner l'homme public de ce pays) ; & l'on va chercher votre argent, si l'on réussit, vous épargnant jusqu'à la peine de remercier ; si non, au bout d'un certain temps, vous allez le reprendre vous-même, chose fort rare quand la somme est un peu forte. Commandement des armées, place au Ministère, Académie, Théâtre, Bénéfice même, rien ne s'y fait qu'ainsi ; & c'est trop commode pour l'homme riche. Et pour le pauvre.... est-il quelque chose en ce pays ?

Je ne fais aucune réflexion, elles s'offrent en foule d'elles-mêmes. Le

―――――――――――――――

(*) Quand il y en a, toute la différence est qu'on s'adresse à elle, que la somme n'est pas partagée, & le reste va comme à l'ordinaire.

Lecteur peut suppléer à tout ce que je ne dis pas par tout ce qu'il fait, sans entrer dans les crimes, les injustices, les vengeances secrettes, & cette pépinière d'infamies qui suit de pareilles femmes. En remontant à l'essence des choses, il est facile de concevoir pourquoi, ce qui isole les Chefs & sépare leurs intérêts de celui des peuples, ce qui leur fait un bonheur à part & fomente les passions, source d'injustice; pourquoi, ce qui les concentre dans un petit nombre de créatures, ce qui les jette dans la dissipation & des dépenses, tout ce qui les expose à violer les devoirs de leur rang & les fait douter d'eux-mêmes, est dangereux dans une Monarchie, où leur conduite plus forte que les loix, les rend inutiles; où tout dépend de leur conduite; où l'homme n'a plus le droit de se plaindre sans passer pour rebelle, sans être anéanti; où la vérité ne se fait plus entendre dès qu'on veut qu'elle se taise.

Un Roi, dans le principe, n'étoit

qu'un homme de bien, un homme instruit, un homme courageux, qui s'immoloit généreusement au bien-être de ses concitoyens : mourir à sa propre félicité, se consacrer aux pénibles fonctions de conciliateur, de juge, de père, de défenseur, étoit son devoir. Le diadême n'étoit que ces consolantes enseignes suspendues au-dessus des asyles publics, pour avertir le pauvre, le pâtre, l'étranger, que c'étoit-là qu'il falloit chercher la paix & le bonheur : le trône n'étoit un siége élevé que pour être vu de plus loin, comme ces phares allongés qui raniment & guident le pilote, pâle & troublé de la tempête : on n'y dormoit pas encore. Illustre avant d'y monter, ce poste n'étoit pas un supplément au mérite, un lieu de franchise contre la censure ; la sainte vérité y poursuivoit hardiment le lâche ou le parjure, & le forçoit de se corriger au bruit du mécontentement général, aussi refusa-t-on souvent la couronne. Refus qui nous surprend ! & je le crois, en voyant ce qui se passe de nos jours. Mais remontez à ces jours d'innocence irrévocablement passés, à ces jours des Codrus, des Léonidas, des héros qui s'immolèrent pour leur patrie, à ces hommes grossiers qui ne savoient pas sacrifier une Nation à leur caprice, à leur nonchalance, & vous sentirez la honte & l'aveu humiliant, que cachoit au fond un refus si noble, si grand pour vous.

De nos jours les Rois ne se croient plus, je l'avoue, des victimes dévouées au bien public. Contents d'aller bailler quelquefois au Conseil, d'apposer leur signature, ils croient avoir atteint la perfection, & devoir être nommés avec les plus grands hommes, s'ils vont jusqu'à donner des Edits bien ronflants & sans effets : mais, comme l'homme déchu, ils conservent encore dans leur décadence des restes augustes, sacrés caractères de leur noble origine. Pour peu qu'on y regarde de près, on y découvre la grandeur du premier bâtiment qui nous étonne, comme ces débris de pillastres, de chapiteaux,

chapiteaux, qui survivent fièrement au milieu des cadavres de tant de palais qu'écrase leur éternelle immobilité. Si les Rois ne croient plus devoir s'immoler en héros, du moins ils sont encore les juges, les pères de leurs sujets; ils maintiennent l'ordre, la paix, l'abondance, la sûreté ; ils veillent sur nos besoins, sur nos jours, & font encore le bonheur du plus grand nombre, quand on ne s'applique pas à les corrompre, à leur cacher la vérité; quand on n'étouffe pas les cris du peuple, que l'homme le plus dur ne peut entendre de sang froid. Enfin je suppose (ce qui est bien loin d'être vrai) qu'ils ne fassent aucun bien, au moins ils peuvent faire beaucoup de mal : tout ce qui peut les gâter est donc nuisible ; car ce sont les passions qui rendent l'homme injuste & les Rois tyrans. La femme criminelle, capable de les enfanter toutes, est donc dangereuse par cela seul qu'elle leur facilite l'entrée du cœur, & prépare les excès honteux ou cruel des Eliogabales, des Nérons.

C

Peu d'hommes deviennent sanguinaires ou féroces, sans s'y être long-temps préparés dans le libertinage, qui mène à tout. L'exemple de la vertu, les conseils de la sagesse, font toujours à la longue quelque impression : s'ils ne se corrigent pas, ils modèrent & préviennent les plus grossiers emportemens. Le vice pourrit l'œil qui s'accoutume à le voir ; & s'entourer de ce vil ramas de créatures mercenaires, certes n'est pas se procurer des modèles de vertu. Cependant l'homme plus sage a besoin de temps-en-temps de filtrer son ame dans le sein d'un ami honnête & ferme, comme on purifie l'eau à travers un sable pur, ou les pierres poreuses. Quelque honnête qu'on soit, on se surprend dans des pensées qui font rougir, & qu'on n'a pas toujours la force de tuer roide : le moindre souffle peut ranimer ces restes. C'est alors que l'amitié, l'amitié secourable vient, les étouffe malgré vous, & vous sauve ; mais l'infortuné qui vit seul ou avec des cœurs impurs est privé de ce céleste avantage. Qu'y a-t-il d'étonnant qu'il périsse? Particulier, il finit sur l'échafaud; à la tête d'une Nation, au-dessus des loix, il met le feu à Rome. Seroit-ce outrer que de croire une femme capable de faire périr plusieurs milliers d'hommes pour un caprice, ou de rendre tout un peuple malheureux pour une légère fantaisie, un plaisir passager; que de croire, dis-je, une telle femme capable de tout. Quoi qu'il en soit, il est très-sûr que l'intérêt particulier de ces instrumens de débauche est contraire à celui de l'Etat; & que les approcher de sa personne, c'est s'exposer à des combats douloureux, d'une issue incertaine, ou souvent même à sa perte. Il faut avoir une bien imparfaite idée des plaisirs de l'ame, pour aller chercher des sensations physiques dénuées de toute délicatesse, dans des bras toujours prêts à se louer au plus offrant.

Ne pouvant tout voir, tout faire par eux-mêmes dans des Royaumes trop étendus pour l'attention d'un seul, ils sont forcés de prendre des adjoints; de se décharger d'une partie de leur devoir dans plusieurs mains, qui peuvent à leur tour faire beaucoup de bien ou de mal. Connoître les hommes, les bien choisir, est l'action la plus importante des modernes Monarchies ; car ce sont vraiment ces subalternes qui font réellement tout ; le maître n'a que la peine d'applaudir. De ce choix dépend l'éclat & la grandeur des Etats ; à ce choix tient le bonheur ou l'indigence du peuple, & souvent il ne faut qu'un Bagoas pour tout perdre. C'est à ce choix, branche d'un commerce sûr, que la concubine cependant s'attache de préférence, par mille raisons que chacun devine. La Bourse d'un port de mer offre moins & d'acheteurs & d'agiotage que l'antichambre de ces femmes. Que n'a-t-on vû comme moi à quel point ce mal se fait sentir en Province. J'en ai suivi une entr'autre avec toute l'application & la facilité d'un homme qui n'a rien à faire, dont on ne se méfie pas ; & j'ai frémi de tout ce que j'ai vu. D'où croyez-vous qu'un homme ainsi placé tire le prix dont il récompense sa bienfaitrice, dont il se l'attache de plus en plus ? du peuple, du peuple. C'est sur lui que refoule toujours les vices & la cupidité de l'acheteur : l'Intendant vend l'exemption des tailles ; le Conseiller, l'honneur & la justice ; le Commandant, les graces ; & dans ce conflit de rapines & d'oppressions, le pauvre sans appui est foulé, comme ces fruits que l'on presse, d'autant plus, qu'ils sont arides & rares. Si l'on faisoit attention que la taille, la capitation, la dîme, le sel, les corvées, la milice, lui enlève la moitié de sa récolte avant qu'elle entre dans sa grange ; que les mauvaises années, les frais, les avaries de tout genre sont pour lui seul ; qu'il doit sur ce restant se nourrir lui & sa femme, la soigner quand elle est en couche ou malade ; qu'il lui faut élever ses enfans, vivre les jours de non valeur ; que les impôts étant en grande partie sur les comestibles, comme il consume plus, il paye réellement au Roi plus que les riches, on s'étonneroit qu'il pût vivre. Et d'où peut-il donc tirer de quoi fournir encore à tant de tributs forcés ? je n'en sais rien ; mais tout cela prouve les ressources de la France; & tout ce qu'elle pourroit être si tout cela n'étoit pas. C'est un pays unique par sa position, sa fertilité en tout genre ; & seul, il pourroit se passer du reste de l'univers. Oui, malgré les milliards qu'il doit, s'il revenoit, je ne dis pas un Colbert ; il a tout préparé en appellant les traitans, ces hommes durs qui ne s'enflent qu'en suçant ceux qu'ils servent, mais un Sully ; un Sully qui après quarante ans de guerre, d'abus, & de dissensions, après tant de traités qui coûtèrent à l'Etat plus de trente millions pour faire rentrer quelques villes, quelques Grands dans leur devoir, laissa, par vingt années de bonne administration, quarante-deux millions à la mort d'Henri : bientôt on verroit se réaliser le vœu de ce grand Monarque. Il ne faudroit pas vingt-cinq ans ; la Cour elle-même n'en sauroit rien, puisque Sully donnoit au Roi pour son jeu, ses chiens & ses femmes, douze cents mille écus, somme suffisante pour entretenir quinze mille homme de pied. Ce ne sont pas les dépenses nécessaires des têtes couronnées qui ruinent l'Etat, c'est que l'argent s'éparpille pour arriver au trésor, & qu'il n'y rentre pas, en effet, le quart de ce qui devroit y entrer.

Mais pour corriger ces abus, & tant d'autres, il ne faut point consulter les courtisans, les hommes en place, tous ces intéressés au vol, au brigandage, c'est l'homme qui s'en est occupé long-temps dans sa retraite, & qui n'a aucun intérêt que tout aille mal ; c'est l'habitant de la campagne, celui qui vit loin de la Cour, & ne

Dégradation

consulte pas les yeux du maître pour répondre. Ce n'est pas non plus en voyageant que les Rois peuvent connoître le véritable état de la Nation. On force la misère à s'épuiser encore pour les réjouir, leur donner un coup-d'œil flatteur. Tout est fête, joie, bombance, sur leur route, & le pauvre, après leur passage, expie par six mois de larmes & de langueur, un mensonge forcé. Qu'ils écoutent, qu'ils lisent ! & pour peu qu'ils témoignent vouloir connoître la vérité, on la leur fera toucher au doigt, sans qu'ils sortent de leur fauteuil.

Oh ! je vous le demande, vous, qui, dans un écrit de valet, de copiste, osez soutenir qu'une maîtresse étoit essentielle en France; vous, qui, pour l'appuyer, en citez deux bonnes, & dont la Nation n'a guères à se plaindre ; quand elles seront absolument despotes dans le choix des sujets, dans la distribution des places ; croyez-vous qu'elles choisiront toujours bien ? que tous les postes, toutes les commissions délicates, ne tomberont jamais qu'en des mains sages & dignes du succès; que leurs passions, leurs intérêts personnels ne vendront jamais l'Etat; qu'elles s'immoleront toujours au bien général? Eh! quand il se pourroit, les revenus du Royaume surchargés de nouvelles dépenses, depuis que les honneurs sans honneur, par leur fréquente prostitution ne touchent, ne satisfont plus l'honnête homme qui jadis eût tout fait pour eux; la voie ouverte aux intrigues, aux menées, tant d'autres abus ne sont-ils rien?

Ajoutez à cette rapide esquisse d'un mal, infini dans ses suites, & trop long, trop délicat pour être détaillé; le scandale des mœurs, terrible par ses conséquences; le désespoir de la femme honnête qui, méprisée, oubliée, malheureuse malgré sa vertu, peut se lasser enfin d'en avoir; qui, dépitée contre elle-même, rougit de porter envie au bonheur du vice, & malgré elle cependant souhaite un sort plus heureux; l'inapplication des Rois, trop distraits pour aimer, pour soigner les affaires; la nécessité où ils sont de fermer les yeux sur mille abus qu'excuse, qu'autorise leur propre inconduite; d'enrichir au dépens de l'Etat leurs devanciers: car, en amour, les Rois ne sont que des hommes, & souvent encore les moins heureux; d'arracher avec violence, à la face de l'Europe indignée, une femme à son mari, qui n'ose, qui ne peut la défendre; joignez encore l'éloignement, les dégoûts du citoyen incorruptible qui blâme tant de désordre, de l'homme honnête qui voudroit les combattre, les étouffer, & dont l'immuable droiture effraye; la foiblesse du courtisan, trop lâche pour les blâmer, pas assez corrompus quelquefois pour les applaudir, balançant toujours entre la crainte de déplaire, & la vérité; voulant concilier l'honneur & la fortune, & manquant sans fruit l'un & l'autre : & dites si la cause de tant de mal peut être un bien?

Dans près de deux cents maîtresses,

connues de nos Rois, vous en nommez deux qui ont fait peu de mal. O la belle découverte ! l'étonnant avantage ! Mais savez-vous combien je puis, moi, vous en citer qui ont tout bouleversé, qui ont mis la France à deux doigts de sa perte ? Sans nous arrêter à de pareilles recherches, voyez seulement quel bouleversement, quelle confusion offre leur règne. Rien de stable dans les projets, dans les places, dans le Gouvernement. A chaque maîtresse, nouveaux arrêts, nouveaux impôts, nouvelles créatures, nouveaux Ministres, dont on a acheté l'emploi, en payant la retraite des anciens. Aussi variée que les caprices tumultueux d'un maître volage, la scène, à tout moment, s'obscurcit d'un tas de gens venus on ne sait d'où, qui, tous chargés encore de leur crasse, viennent exiger insolemment des distinctions, des dignités, des récompenses, répétant pour tout mérite la connoissance ou la parenté de la concubine. Ainsi s'épuisent les revenus de l'État, & c'est toujours sur nouveaux frais ; car jamais aucune de ces appartenances du vice ne s'en va qu'accablée de titres d'honneur, de cordons : sans compter tout le reste, cela seul n'est-t-il pas un grand mal ? Les fortunes ne peuvent varier si souvent sans pervertir l'ordre, confondre les distinctions, semer les vices, corrompre les mœurs, faire beaucoup de mécontens, à la longue toujours dangereux. L'homme accoutumé à l'opulence, n'en perd ni le goût, ni les habitudes avec les moyens ; repoussé dans la dernière classe, il y porte encore son oisiveté, sa corruption, sa soif du plaisir, sa bassesse de mœurs ; son exemple l'infecte, ses murmures l'aigrissent, & il finit par tout soulever, être un coquin, ou périr. Le nouveau parvenu perd l'amour du travail, de la sobriété ; il se berce dans sa nonchalance, s'abandonne à la volupté, se livre à tout ce que permet une grande fortune, & vole à la Nation & ses travaux, & ceux de sa famille, qu'il élève par orgueil, & s'efforce, comme on dit, de pousser. Ainsi s'épuise la classe la plus utile, celle qui nourrit l'État; & comme le nombre des fainéans s'augmente, tandis que les terres sont moins bien cultivées faute de bras, doit-on s'étonner que les vivres soient si chers, si rares. Sans doute le talent, le travail, la patience doivent recueillir le fruit bien mérité de leurs veilles, & le Gouvernement doit s'attacher à les récompenser, à ouvrir cette voie pour sortir de l'obscurité : mais il est si long, si difficile de s'arracher à la foule par son propre mérite, qu'on n'a point à craindre de fréquentes révolutions, quand on ne pourra s'élever que par ce moyen. L'émulation que cet espoir nourrit ne fera que tourner au profit de tous les individus; émulation qui seule a produit ces chef-d'œuvres en tout genre, l'étonnement de tous les siècles; émulation bienfaisante que détruit presque toujours une femme aveugle ; car les grands hommes, dit Thucydide, se forment où le mérite est le mieux récompensé.

La crainte d'être trop volumineux, dans ce siècle de brochure, me fait étrangler tous mes raisonnemens. Je saute sans transition, n'annonçant qu'une partie de ce que je pense, & m'efforçant d'enfoncer beaucoup d'idées dans peu de mots pour faire deviner le reste. Cette contrainte doit me rendre obscur dans une matière qui, par elle-même, doit être traitée à mots couverts, & qu'on ne peut approfondir. Je ne puis citer aucun fait récent, ni faire aucune application ; & je fournis bien des avantages aux intéressés, à ceux qui nieroient encore par honneur, quand je pourrois les écraser d'un détail sans réplique. Mais les hommes vrais, ceux qui sentent comme moi le mal, m'entendront, j'espère, & cela me console ; car je n'écris pas pour tout le monde. Quand il me faudra parler à la multitude, à nos Marquis, à nos Comtesses, je saurai bien m'y prendre autrement : jusques-là il me faut continuer une tâche, comme l'a dit un Journaliste, aussi pénible pour moi que rebutante pour les intéressés ; & ce n'est pas ma faute : il ne s'agit pas ici de louer ou flatter, mais de dire vrai & d'être utile.

O l'ennemi du bien public ! Comment donc votre plume a-t-elle osé risquer ce pernicieux conseil ? Comment la sainte vérité ne l'a-t-elle point effrayé dans un si monstrueux mensonge ? Comment vanter un moyen dont une Reine de France abusa si publiquement dans ses coupables desseins ? Sachez que si une maîtresse pouvoit faire quelque bien, & prévenir un abus, un seul abus, fût ce le plus petit ; ce ramas de lâches esclaves, toujours prêts, toujours intéressés à corrompre les Rois, ne se donneroient pas tant de peine pour en être les pourvoyeurs. O vous, que le ciel honora de quelques talens ! gardez-vous de les prostituer ainsi, d'avilir la noble tâche qui vous est imposée ; soyez les intrépides ennemis du vice, les généreux défenseurs du peuple ; plaidez la cause intéressante de l'humanité ; & puisque les chefs ne peuvent plus entendre la vérité, que dans les mâles écrits d'un solitaire sans crainte comme sans ambition, du fond de votre solitude faites pâlir le crime, & que la terrible crainte de vos censures prévienne les lâchetés du vil subalterne, qui rend la Nation malheureuse au nom d'un maître, qui souvent ne souhaite que son bonheur.

Eh ! quel plaisir laissez-vous donc au Roi, vont peut-être me demander quelques-uns de ces cœurs de chair, qui ne connoissent que les sens ? Quels plaisirs ? Ah ! quand ces Maîtres du monde ne sont pas assez grands pour être heureux du bonheur de leur peuple, je ne veux pas, sans doute, les priver des grossiers plaisirs du reste des hommes ; qu'ils s'y ravalent, j'y consens ; mais, du moins, qu'ils n'en rendent pas vingt-deux millions d'hommes les continuelles victimes ; qu'ils prennent des concubines puisqu'il leur en faut ; qu'ils souillent leur palais de ce vil bétail, mais sans ramper servilement sous ses mépris, sans dépendre d'un coup d'œil, sans en faire dépendre le bonheur, la vie, la fortune d'autrui ; ou, s'il leur faut absolument une maîtresse, pourquoi n'en cherchent-ils pas d'honnêtes, de bien élevées, plutôt que de s'abaisser à ces restes impurs de leurs sujets, & de la débauche ; qu'ils se rendent aimables ; qu'ils se rendent dignes de plaire, & goûtent ce plaisir si rare pour des Rois d'ouvrir un cœur à l'amour, d'y développer les germes captifs d'une passion délicieuse à sa naissance, & d'en faire échapper les premiers soupirs ; car, dans tous les cas, le danger sera moindre pour nous, & la félicité plus réelle, plus délicate pour eux. Et peut-être trouveront-ils encore une Mme. de Maintenon, assez sage, assez maîtresse d'elle-même pour ne fournir à sa famille qu'une honnête médiocrité, assez prudente pour se mêler peu des affaires ; & ce seroit toujours autant de gagné, autant de mauvais choix de moins ; de mauvais choix j'ose dire : car si par hasard ils sont bons, ce n'est pas leur faute. Croiroit-on, par exemple, que cette Mm^e. de Maintenon, qui en fit si peu, se repentit entr'autre d'avoir porté le sage, le pieux Fénelon sur le siège de Cambrai ? Et si la femme la plus éclairée, la plus judicieuse qui ait approché du Trône, fût capable d'un tel regret, que dois-je penser des autres? Puisque je viens de la nommer, je vais tout de suite répondre à une objection qu'elle a fourni. Je disois que la pitié des femmes ne passe point leur vue, & qu'elles ne songèrent jamais au bonheur de la race future, & soudain l'on m'a cité St. Cyr : j'en suis bien aise, peut-être me ferai-je entendre?

Si l'on avoit remarqué les causes que je donne à leurs bonnes œuvres, on auroit vu que j'ai répondu d'avance. Je disois formellement que l'orgueil, la vanité, l'envie de faire parler de soi, quelque intérêt caché les guidoient toujours, & j'espère trouver ici tous ces motifs & bien d'autres encore.

Sans fronder, ni le but, ni l'intention de St. Cyr, peut-on, je le demande, le croire l'ouvrage de l'unique bienfaisance, de cette vertu l'ennemie du faste & de l'apparat; qui, avide du soulagement des pauvres, prend toujours les voies les plus économes, préférant le nombre des bonnes œuvres à l'éclat, & regarde comme mal employé, comme perdu tout ce qui ne tourne pas au bien-être des indigens. Jugez si, au lieu de perdre quatre-vingt mille livres à l'acquisition d'un terrein, cent cinquante mille livres pour la bâtisse, quatre-vingt mille livres pour les acqueducs, qui nétoyent les caves, soixante-quinze mille livres pour la réunion de la manse Abbatiale, cinquante mille écus pour les meubles, elle n'eût pas préféré fonder, dans les meilleurs couvents de chaque province, des places pour de jeunes demoiselles qui, l'une dans l'autre, n'auroit pas coûté douze cents francs, & employer les cinquante mille écus de rentes, bien augmentés, au même but ; d'y ajouter en outre les dépenses inutiles des représentations d'Esther & d'Athalie ; & d'avoir ainsi plusieurs mille pensionnaires au lieu de trois cents. Cet avantage n'eût point été le seul, l'éducation en eût mieux valu, je crois, étant plus conforme à la fortune de celles qu'on vouloit aider. A St. Cyr, elles prennent un air de hauteur, de vanité, de coquetterie, qui suffit pour éloigner l'honnête homme. Trop sûr par mille funestes expériences de n'y trouver généralement que d'insupportables petites maîtresses, il n'ose y choisir une compagne. Toujours bercées de leur naissance, de l'honneur d'être dans une Maison Royale, ces jeunes créatures peuvent-elles soupçonner qu'il leur manque quelque chose, qu'il ait d'autres mérites encore à acquérir. Destinées, par leur peu de fortune, à vivre dans le fond monotone des provinces, falloit-il les approcher du fracas de la Cour; leur en faire respirer l'air venimeux, & substituer à la misère de leur pauvre famille, à la simplicité de la paisible campagne, le port altier, le bruyant étalage des courtisans; & les préparer à l'ennui dans leur retraite par l'image embéllie d'un monde qu'elles n'ont fait qu'entrevoir? Faites pour être d'actives ménagères, pour suppléer par leur économie à la médiocrité de leur bien, au lieu de les rompre au travail, à l'ordre, au détail d'un ménage, au prix des denrées; n'est-il pas ridicule de les altérer de musique, de danses, de tous ces arts frivoles, le désespoir d'une femme foible, parce qu'ils sont trop recherchés dans le monde, trop fêtés, & que sans cesse ils y rappellent; de ne leur parler que de choses inutiles; de les séparer des personnes avec lesquelles, sans doute, elles doivent passer leur vie; &, par l'habitude d'une superficie artificielle, de les dégoûter de la simple, de l'honorable & touchante rusticité des hameaux? Falloit-il.... il falloit un délassement à Mme. de Maintenon, une domination quelconque, un monument qui soutînt sa réputation de dévote, qui portât son nom à nos derniers neveux, & tout cela l'emporta. Cette femme étoit si dévorée d'orgueil, si affamée de respect, qu'elle s'y prépara dès le berceau ; qu'elle prit l'émétique sans être malade, afin qu'on dît : voilà une jolie femme aussi courageuse qu'un homme ; qu'elle alloit tous les jours à la messe sans rien croire (de son propre aveu) enfin pour s'assujettir avec une scrupuleuse exactitude à toutes ces dégoûtantes minuties, l'écueil, l'effroi de la plus vraie dévotion. Mais voyez, va-t-on me dire, voyez l'Ecole Militaire ? C'est autre chose. Il est essentiel de préparer différemment celui qu'on destine au commandement des Armées ou à la Robe, ou au Commerce, &c. & l'objection est fausse, non que ce dernier établissement soit sans défaut, mais parce que le plus grand nombre reste au premier.

Enfin je suppose, pour revenir à la

de l'Homme.

maîtresse d'un Roi, qu'elle ne se mêle de rien (miracle impossible ! Il est des circonstances où l'orgueil, la nécessité, forcent de s'en mêler ; & une fois peut faire beaucoup de mal, comme le prouve encore M^e. de Maintenon), (*) alors elle ne produiroit que le bien qu'une femme opère quequefois sur un homme, & nous allons voir à quoi ce bien se réduit au juste.

Amollir l'ame, aiguillonner l'esprit, exciter une fermentation passagère en fait toute l'histoire. L'expérience & l'intérieur des femmes prouveront à quel prix. Commençons par

---

(*) Entr'autre exemple la révocation de l'Edit de Nantes, qui, sans elle, n'eût point eu lieu. Cet Edit, le chef-d'œuvre de la politique & des meilleures têtes. Sa destruction fit décliner la France & prépara sa ruine. Envain maintenant voudroit-on l'annuler : les Protestans connoissent trop l'instabilité du Gouvernemeut François pour s'y fier davantage. Il faut les laisser, sans se compromettre par des démarches ridicules, & seulement encourager le Commerce, l'Agriculture.

remarquer d'abord que ces effets, loin d'être généraux, font rares; qu'une fois dans un siècle étant à peine réunis, par cela seul peut-être ils font dangereux, & que toujours à leur défaut se font des vices qu'on acquiert. Amollir l'ame (pour me borner à un seul), est une vertu, puisque l'humanité en profite ; mais c'est entr'ouvrir en même temps le sillon où peuvent germer les penchans les plus funestes ; c'est exposer l'homme à de nouveaux besoins, & si l'on ne fortifie sa raison, certes ce n'est pas un avantage. Que peut la femme sur la raison ? quel conseil ? quel exemple en attendre ? L'a-t-on vue écraser ses passions, maîtriser ses desirs ? Rien peut-il l'effrayer dans ses emportemens ? Ne lui doit-on pas tous ces bandits, ces coquins qu'elle assume de plaisirs ; qu'elle accoutume à la nonchalance, & qui, n'ayant plus de ressource pour vivre sans rien faire & s'amuser, volent faute de moyens ? Par où commencent les scéléats ? par le libertinage. La corruption des mœurs
seroit elle

seroit-elle un mal si la femme n'étoit l'occasion ou la cause de tous les abus, & des plus grands crimes ? si, dangereuse par elle-même, elle n'augmentoit, ou la somme ou la force de nos passions ? L'aimer ou non est indifférent en soi, quand on n'a rien de mieux à faire : la suite seule en caractérise la nature ; & s'il en résulte si souvent du mal, c'est d'elle seule qu'il vient. Combien peut-on compter d'union sans danger ? Quel homme ne s'est point avili, rapetissé en l'écoutant ? Le bien & le mal est particulier, & tient, je l'avoue, aux qualités de ce qu'on aime : ainsi un bon choix est un avantage ; il ne s'agit plus que de savoir s'il est difficile & rare, si l'on ne risque rien en se trompant, & si le danger est grand. Je puis assurer d'avance, qu'au moins il ne peut être indifférent d'aimer ; qu'une femme vous gâte ou vous purifie, & jamais ne vous laisse tel qu'elle vous trouve.

Comme tout ce qui est régulier, beau, magnifique, la femme frappe,

D

émeut d'abord ; mais presque toutes les jouissances physiques laissent froid, si l'on ne les anime par l'idée de l'être suprême : elle seule parle à l'ame & aux yeux en même temps. L'aspect de l'homme étonne ; la majesté de sa démarche, le brûlant de ses regards, la noblesse de son visage, seul élevé vers le ciel, atteste la noblesse de son modèle, ...
. : on pense que la nature ne peut aller plus loin. La femme paroît ; ce n'est plus l'étonnement, l'admiration, c'est le transport, l'enthousiasme, le délire ; ce feu subtil, cet interne, ce vif tremblement qu'excite la présence d'un Dieu, ou de sa plus vive image. Dans l'extase de son cœur, l'on sent, l'on avoue avec complaisance, que la nature n'a fait que s'essayer sur le premier, pour tâter si elle pourroit aller jusqu'à sa compagne. Quelle molesse de contour ! quelle suavité dans la taille ! de volupté dans les mouvemens ! de douceur dans les formes ! de sentimens d'expression dans ses onctueux regards !

Les perles, les roses, les lys, tout ce qu'on peut rassembler de plus enivrant compose son invincible extérieur. Que le vif incarnat de ces lèvres légèrement courbées tranche avec la blancheur de la peau ! que ces arcs d'ébène, ces longues paupières embellissent cet organe de l'ame ; de quelle douceur pénétrante ils fortifient les éclairs qui s'en échappent ! comme les couleurs se fondent délicieusement sur ces joues, qu'une douce sinuosité sépare de ce léger menton, qui termine avec tant de grace ce bel ovale ! Blonde chevelure bouclée sans art, ...
. . . .
. . . .
. . . .
. . . . Oh, que l'ame faite (comme dit Pygmalion) pour animer un si beau corps doit être belle ! Quel chef-d'œuvre des Dieux !.... Point du tout. Autant la nature a soigné les agrémens visibles, autant elle a négligé l'intérieur ; soit par impuissance, ou qu'elle

imite en cela les prodigues, qui se vengent sur le nécessaire de leur profusion dans le frivole; & le dessous de cette superbe draperie n'est, comme dans nos palais, que plâtre & pauvreté. Ce n'est plus le riche extrait de toutes les perfections, l'immortel & digne objet de nos adorations; hélas! on ne sait plus à qui parler; &, sans les charmes du dehors, qui portent encore leur illusion jusqu'au fond de la scène, je doute qu'on y pût tenir. Au refus de tout ce vain appareil, c'est nous qu'elle a décoré de toutes les richesses intérieures. Elle a fortement travaillé notre moral; comme la base, l'appui de la société; dont la femme ne devoit être que l'appôt, l'occasion; & pour concevoir l'espèce humaine dans toute sa grandeur & son avantage, il faut admirer la femme & raisonner avec l'homme. Ce sont deux moitiés d'un tout parfait seulement dans sa réunion, & dangereux pour cela même; car, unissant les qualités les plus opposées, il doit résulter de grands malheurs d'un aliage qui force les unes ou les autres à dominer.

Tant que l'homme, selon les vues de la nature, vit dans une honorable indépendance, il conserve ces goûts, cette mâle vigueur, cette noble franchise, distinctions utiles & glorieuses de son sexe. Toujours occupé de travaux & de grands intérêts, il ne recherche sa compagne que par besoin, peu fréquent dans l'ordre primitif ; il l'aime par cette loi si simple qui nous rend cher tout ce qui nous rend heureux ; enfin il la chérit pour jamais, comme la mère de ses enfans, comme un être foible, sans défense, qui mourroit bientôt pour peu qu'il l'abandonnât. Chargé de pourvoir à sa nourriture, à sa défense, d'élever les tendres fruits de ses entrailles, il n'a garde de se laisser aller au repos, à l'oisiveté : de nombreux travaux l'appellent & durent jusqu'à ce que sa vieillesse, redemande à ses enfans adultes, les soins qu'il leur a prêtés. Telle est l'histoire de l'homme sauvage. Il n'obéit point à la femme; ou s'il l'imite, s'il rampe, ce n'est qu'un moment; moment où le plus tyrannique des besoins soulève ses sens indomptés. Alors, esclave casanier, il perd, comme le lion, & son humeur vagabonde, & sa fierté; il l'écoute, la contemple & languit dans une vile nonchalance qui produiroit sur lui, ce qu'à la longue elle a produit sur les peuples civilisés : mais la fougue des sens se calme, le rend à lui-même; il reprend sa première activité, ses mœurs & sa vertu.

La première influence de la femme est donc sur le physique. En effet, sans remonter à l'état de nature, si loin de nous par malheur, il suffit de regarder les siècles voisins pour s'en convaincre. Dans le dernier, les hommes ne vivoient guères encore avec les femmes, ils laissoient l'épouse, la mère de famille se morfondre seule au sein de ses affaires domestiques (dont elles s'occupoient par désœuvrement), & vivoient beaucoup entr'eux. Là, dans l'intimité de la confiance, dans les épanchemens délicieux d'un libre entretien, chacun parloit des choses relatives à son état. L'homme de Lettre, le Commerçant, le Guerrier, se recherchoient mutuellement. Dispensés de s'assujettir aux pitoyables discours d'une femmelette; les soldats ne parloient que de sièges, de périls & de gloire; leurs discours, brûlans de ce desir sublime, respiroient cette mâle fierté, cette élévation, qu'une ame faite pour s'illustrer n'entend pas de sang froid: le lâche lui-même, malgré lui, en étoit ému, & la jeunesse y puisoit en tressaillant, l'émulation & les principes de l'honneur. Grands en tout, nos vénérables ancêtres portoient jusques dans leurs plaisirs cet esprit actif, martial, héroïque, qui les distinguent avec tant d'éclat. Chez eux tout tendoit à fortifier, à rendre adroit, brave, à faire des hommes. Au lieu de porter nonchalamment, dans des mains sans vigueur, les viles parodies des Hectors, des Charlemagnes, des Davids, ils s'efforçoient, l'arme au bras, de les imiter. Ce n'étoit point des comédies langoureuses, des bals tout ambre ; mais des spectacles en plein air, des tournois, des joûtes, des défis ; qui, peut-être, rendoient le guerrier un peu sauvage, un peu fier ; mais qui nourrissoient sa force, son courage, son adresse ; & l'empêchoient de s'amollir, de déchoir. Les femmes elles-mêmes, singes de l'homme, quand elles ne peuvent le dégrader, accouroient de toutes parts; ornoient, embellissoient ces spectacles ; s'y mêloient quelquefois même en cachette, & recevoient toujours le prix flatteur de leur complaisance par l'hommage du vainqueur, qui, tout poudreux, déposoit à leurs pieds un prix qu'il n'ambitionnoit que pour les en décorer. Tout entretenoit ce mutuel exercice. Les armes enfantoient des fraternités aussi saintes & souvent plus chères que celles de la nature. Du bout de l'Univers, le frère d'armes répondoit des actions & de la conduite de son frère ; & l'on ne confioit pas indifféremment le dépôt sacré de son honneur. Il falloit des faits, une vie sans tache : aussi, les Rois plus grands alors par eux que par leur couronne, ambitionnoient-ils cette marque publique d'estime. François Ier, le dernier des héros avant Henri IV, voulut être armé par Bayard. Toute la France fourmilloit d'hommes robustes, de guerriers intrépides, dont la force & les prodiges nous paroissent impossibles. Les femmes mêmes, dans ces beaux jours de ma patrie, valoient mieux que les hommes de ce siècle, tant nous sommes déchus. Comparez nos délicats Adonis, (qui semblent, comme l'Hercule de Parchasius, nourris de roses), aux portraits des beautés anciennes ; & voyez si les muscles plus prononcés de ces dernières, les regards fermes, leur haute stature, leurs membres plus formés, ne leur donnent pas l'avantage, & ne les feroient pas croire un héros du dix-huitième siècle.

Cet ancien temps étoit un peu sauvage, je l'avoue : on ignoroit les belles manières, l'art des toilettes, le métier important d'amuser un troupeau de femmes ; on étoit peu galant : mais on avoit de la vertu, de l'horreur pour l'adultère ; on aimoit mieux aller tout bonnement chez la fille publique, & l'honneur des maris, des pères, ne s'en trouvoient pas pis, sans doute, au grand regret de leur tendre moitié, de leurs filles, qui voyoient avec douleur l'honnête homme s'avilir. On ne rougissoit pas encore de se trouver à la taverne, d'y vivre journellement, de s'y enivrer même quelquefois, & tout cela peut-être n'étoit pas un grand mal. Les crimes étoient plus rares, l'amitié plus fréquente, plus sincère, les liaisons moins troublées. Vivant journellement ensemble & sans contrainte ; les hommes se connoissoient mieux ; la vieillesse étoit mieux écoutée, & l'on faisoit prompte justice d'une bonne ou mauvaise action. Les propos même tous grossiers, n'en étoient que moins pénétrans, moins funestes ; & vivant loin d'un sexe toujours dangereux, parce qu'il sent, ou ce qu'il inspire, l'homme moins attaqué conservoit jusqu'à sa vieillesse, la force & la santé. Si les vapeurs du vin, ou l'impatience de la gloire enfantoient quelques combats, ils étoient prompts, sans suite, sans haine ; & la juste crainte d'irriter un ennemi brave, & toujours prêt à se venger, modéroit le caquet des médisans.

Tout est changé. Les femmes lasses, comme la belle Arsène, de vivre sans hommes, les ont attirés ; petit-à-petit ont secoué toute crainte, & nous ont enfin aguerris à l'indécence de les voir sans cesse mêlées avec nous. Qu'en est-il arrivé ? qu'elles se sont corrompues ; que nous sommes amollis ; qu'à la place de cette douce cordialité, toujours rivaux, les hommes se haïssent pour des femmes ; qu'ils s'égorgent pour des femmes, se fuyent pour des femmes, & n'ont plus de caractère ; qu'à force de vivre séparés ils ne se connoissent plus : qu'ils évitent la censure & perdent l'émulation, mère des faits héroïques ; que mêlés parmi ce sexe imbécille, ignorant, ils substituent à de grands intérêts de petites intrigues, de ridicules conversations ; qu'à la soif de la gloire a succédé le pitoyable honneur de plaire à des caillettes ; de les entretenir de chiffons, d'opéra, puisqu'elles ne connoissent autre chose ; qu'entendant parler moins souvent de la patrie, de la gloire, ils en oublient jusqu'à l'existence ; qu'énervés par une vie sédentaire, inactive, leur ame & leur postérité se rapétissent ; & qu'à la longue ils ne seront pas même des femmes.

L'on voit donc déjà combien elles dégradent le physique, & que, pour toute compensation, nous n'avons à citer, que le bien dont Venise se félicite depuis peu ; c'est-à-dire, d'avoir retiré la jeunesse des lieux publics de débauche & des cabarets. Bien apparent, bien dont elles seules profitent, bien, qui dans le fond n'est qu'un mal funeste. Car, premièrement, qu'importe où l'homme vit, ce qu'il fait, pourvu que vertueux, honnête, il soit toujours prêt d'aimer, de défendre sa patrie, d'écouter l'honneur ? Quand nous aurions conservés encore ces vertus, à mérite égal, nous vaudrions moins que nos pères, étant moins robustes. Mais, où sont ces braves dont la France abondoit ? où sont les Bayards, les Crillons, les Boisrosées ? A-t-elle encore des guerriers, dont la simple parole fût pour l'ennemi un garant plus envié, que tous ces vains écrits enfans de la nécessité, & qui périssent avec elles ? Où sont les héritiers de tous ces noms immortels qu'elle enfanta dans sa rusticité ? Qui remplace cette foule d'hommes héroïques, l'honneur de ses premiers jours ; ces généreux défenseurs qui la rendirent émule, rivale des plus beaux jours de Rome & de la Grèce ? Les hommes, dites-vous, se dégradoient chez la fille de joie ; dans les bras d'une femme infidelle, bon Dieu ! que deviennent-ils donc ? Qu'y a-t-il de plus dégradant, que d'être le complice, l'auteur d'un parjure ; que de s'accoutumer à la dissimulation ; que de blesser l'honneur de son frère, non pas à force ouverte, mais lâchement en secret dans la partie la plus sensible de son ame ; que de vivre journellement avec une femme, traître à son époux, à ses sermens, aux doux fruits de ses entrailles ; avec une femme qui renonce à la vertu, à la chasteté, à la pudeur ; qui, vile dans sa conduite, veut-être encore respectée quand elle se souille de tous les crimes ; &, par ce mélange de vice & de décence extérieure, prête de la dignité à l'infamie, & vous rassure dans l'adultère.

Dispensé de tous les égards auprès d'une prostituée, on s'en sert avec mépris ; la bassesse de son ame, l'immodestie de ses manières, l'argent qu'elle reçoit, tout détruit l'illusion, & l'on sent à toute heure ce qu'elle est. Point de manège d'apparence de vertu, de soins, d'adresse pour la séduire ; mais, dans les bras d'une épouse qu'on arrache à son mari, tout en impose ; on ne songe plus au crime : il a fallu quelque apparence de vertu pour être écouté ; il faut de la délicatesse pour contenter son orgueil ; & l'on oublie que le forfait est d'autant plus affreux, qu'il a demandé plus de sang froid & de préparation. Quoi ! l'on ne se dégrade pas quand on emploie jusqu'aux apparences de la vertu, pour arriver à des fins criminelles ? quand on dérobe à son frère un bien dont on vengeroit la perte au péril de tout son sang. Et, qu'y a-t-il de plus vil que le mensonge; de plus coupable que celui qui vole; de plus dégradant que l'union de ces deux vices. Scipion respecte une jeune fiancée. Bayard défend l'honneur de deux filles. Le Cardinal de Retz, se laisse attendrir aux larmes d'une jolie paysanne prête à céder. Toutes les grandes ames aiment les plaisirs innocens : revenez donc de l'erreur que les prétendues femmes honnêtes, qui vous offrent un crime de plus, dégradent moins. Ce sont elles qui sèment par intérêt cette ridicule distinction, dont elles profitent : mais, quand ce mensonge seroit vrai, ne vaut-il pas mieux encore se dégrader, que se rendre coupable ?

Voyez dans quel temps l'honneur fut plus inconnu, le vice plus commun, la dépravation plus générale, la probité moins sûre, le courage moins ferme, l'esprit plus frelaté, le cœur plus dur, plus égoïste ; & dites-moi quel bien nous font donc ces femmes de qualités, qui prétendent que la Phrinès nous avilit.

En général la femme donne de l'aménité à l'esprit, en nuisant au cœur ; elle fait des gens aimables, jamais des hommes ni des citoyens : & pour nous polir elle prend sur nos forces, sur notre construction ; comme on affoiblit une barre de fer en la limant, qui n'est plus propre alors qu'à faire des outils délicats & sans consistance. Toujours notre raison en souffre. La roideur des manières est sans doute un défaut pour la société ; mais je ne sais si elle ne tient pas à la franchise, à la profondeur de l'esprit, à la solidité du caractère ; & si l'on peut, avec une ame ferme & vraie, acquérir cette souplesse de mœurs, de façons, propres aux Alcibiades & jamais aux grands hommes. Tout bien considéré, ne vaudroit-il pas mieux retourner encore à la taverne, y jurer un peu, s'y enivrer même quelquefois, que d'être ce que nous sommes. O que je les regrette ces mœurs antiques du bon vieux temps, où nos simples ayeux, pressés autour d'une vaste cheminée, lisoient à haute voix les faits incroyables du brave Roland; où des manières naïves, franches, découvroient sans feinte, la force des sentimens enfermés dans le cœur; où la confiance, la bonhommie présidoient à tous les repas; où nos vénérables ancêtres avoient établi des jours sacrés d'amnistie générale; où la coupe pétillante d'un jus frais & naturel à la main, le coupable obtenoit grace d'une offense involontaire; où l'on se visitoit moins; où l'on s'aimoit mieux; où tous les jours s'écouloient dans l'innocence de la nature & la sécurité d'une franchise fraternelle; où l'amitié l'amour, le tendre amour n'étoient point un vain nom. O ! quel cœur sensible ne le préfère ce vrai temps de l'âge d'or, à nos mœurs sophistiquées, à notre froid jargon ? Et qu'ont fait les femmes, dont il faille les remercier, si, en nous rapprochant, elles nous rendent jaloux, rivaux, ennemis durs ; si elles nous ont communiqué leur fausseté, leur insensibilité, tous leurs vices.

Où la jeunesse prend-elle ces airs éventés, insolens, qui nous font détester des autres Nations ? ce goût pitoyable de la parure ? cette laborieuse application à connoître la couleur qui sied ; à varier avec grace d'élegantes draperies ? Est-ce bien là le fait d'un être robuste & raisonnable ? Et soyons beaux de vertus ; faisons notre devoir, & les femmes s'élèveront jusqu'à nous : elles y gagneroient peut-être ; car je doute que nous les aimions autant avec nos cajoleries insipides, que ces braves Chevaliers qui vouloient les mériter à force de gloire ; que ces braves guerriers qui terraſſant l'ennemi, montant à la brêche, rendant deux armées immobiles de leur valeur, s'écrioient avec ivreſſe : *Ah! ſi ma dame me voyoit!*

De ce roman invraiſemblable, retombons à nos mœurs dégradées à meſure que les femmes acquéroient de l'empire. Progreſſion néceſſaire; car elles s'accommodent peu d'une vertu farouche, qui répugne à monter dans la couche nuptiale d'autrui; qui fait paſſer le devoir avant elles, & ne quitte pas tout pour obéir ſervilement à leur moindre caprice. Elles craignent la vertu dans l'homme comme dans leur ſexe; l'une leur fait honte; l'autre nuit à leurs plaiſirs. Voilà pourquoi rien n'eſt ſi dangereux pour une femme, peut-être, qu'une femme corrompue. J'aimerois mieux que mon épouſe, mon amie, ma ſœur fût attaquée par vingt ſéducteurs, elles ſe tiendroient en garde. La différence du ſexe, l'intérêt de l'homme, rendent la morale erronée, ſuſpecte : une femme coupable, qui veut en entraîner une autre, a des rufes diaboliques, qui, tôt ou tard, réuffiffent; & toutes font intéreffées à groffir le nombre des coupables. S'il n'y a qu'une femme honnête & pleine de vertu, qui ne faffe pas de mal, où où la trouver déformais: la corruption de nos mœurs & l'état actuel des hommes, répond à cette demande. Pourfuivons; car j'aime mieux peindre l'arbre par fes fruits que par des paroles; & oppofer à l'incrédulité notre exemple & l'hiftoire de quatre mille ans & des faits contre lefquels fe brifent tous les raifonnemens, que mes réflexions.

Pour connoître, par un à-peu près, jufqu'où va la corruption à Paris, par exemple; il fuffit de fe rappeller que dans ce qui compofe la bonne fociété de la Capitale, le nombre des femmes eft quadruple de celui des hommes (je paffe les demoifelles & les veuves, n'étant prefque rien dans cette immenfité); que, dans ce dernier, il y en a plus d'un tiers encore de garçon, & que perfonne cependant ne s'y plaint de la cruauté des dames. Et ne croyez pas que les Laïs viennent à leur secours : non, la mode en est passée ; les femmes de qualité suffisent à tout. Si même il se trouve quelques jeunes gens assez riches pour entretenir une femme de louage, ils n'en sont que mieux reçus des autres : jadis elles n'eussent pas osé leur parler. Toutes les grandes Villes offrent le même calcul ; parce que les mauvaises mœurs & les femmes se soutiennent mutuellement. Jugez de la masse d'après ce court apperçu.

J'ai vu commencer cet affreux débordement, & voici, ce que depuis quinze ans environ, je remarque. Jadis on prenoit une femme pour soi, pour se donner des héritiers, pour avoir une ménagère sage, économe, qui veillât à l'intérieur ; & en fît tous les charmes. On étudioit son caractère, ses goûts, avant de se marier ; & l'argent n'étoit que la dernière convenance. On vouloit de la douceur, de l'économie, des principes, &c. (avantages qui se trouvoient plus souvent ; car jamais une femme sans vertu n'a formé de filles honnêtes). Mais alors les mères fortoient peu, foignoient leurs enfans, fe refpectoient elles-mêmes; leurs habits étoient décens; leurs manières réfervées; leur ton moins hardi; leurs propos, leur maintien avec les hommes plus circonfpects; point d'appartement, de lit à part; chacun fe fouhaitoit le bon foir, & l'on s'appartenoit davantage; jamais fur-tout jamais, une honnête femme n'eût forti fans laquais ou fans parens. Tout cela a paru trop bourgeois, trop gênant aux femmes de Cour; elles ont échancré leur robe, hauffé leur coëffure (*), fait lit à part: car rentrant chacun à des heures différentes, il a bien fallu en venir là. Les forties font devenues plus fréquentes, le ton plus libre; le pied s'eft enhardi; & l'on voit nos petites maîtreffes rarement femmes pour leur époux, & tous les jours pour les autres, courir à toute heure

---

(*) Jufqu'au neuvième fiècle, les femmes fe font peu occupées de toilette, de parure.

effrontément seules, la canne à la main, la robe dans les poches. Eh, Dieu ! sait-on ? ce coup est le dernier aux bonnes mœurs ; & quoiqu'on ne sache pas jusqu'où va cette effroyable hardiesse, d'aller seule où bon leur semble : on en sent toute la commodité pour le vice ; & je puis assurer que, depuis dix ans, elles en ont bien profité, & s'y sont rendues *rudement habiles*.

Avant François Ier, le plus galant de nos Rois, les femmes de haut parage, n'ayant aucun prétexte pour quitter leur ménage, s'en occupoient comme les autres, faute de mieux. Bientôt attirées par ce Monarque, qui disoit qu'une Cour sans femme étoit une année sans printemps, & un printemps sans rose ; elles abandonnèrent à l'envi le sein paisible de leur famille, & ne songèrent plus qu'à briguer les regards & les hommages publics. Catherine de Médicis les fit servir à ses projets politiques, & leur apprit le secret d'être puissante quand on est belle.

Sous Louis XIV, les prétendues filles d'honneur n'étoient que d'honnêtes ressources pour l'oisiveté & le libertinage des Grands. Néanmoins il régnoit encore dans le gros de la Nation des principes d'honneur, de décence, de candeur & d'honnêteté ; le vice n'alloit point encore le front levé, ou du moins ne prétendoit pas alors au respect de la vertu ; le scandale étoit rare ; le mal secret. Mais, depuis dix ans, depuis que la femme va seule, l'on rit de l'adultère ; elle s'en fait un jeu, & rivalise, supplante, tant qu'elle peut, la fille de joie. Je l'ai même vue poursuivre, dans le fond de quelque province (tant ce vice est maintenant général), je l'ai vue poursuivre avec une dégoutante voracité, le jeune homme qui ne l'entendoit pas, ou que soulevoit son effronterie. Elle a tant fait qu'enfin nous en sommes rassasiés, & que bientôt nous serons obligé de la fuir, & de nous cacher loin d'elle. Les Picnis, les clubs, toutes ces assemblées où les hommes se réfugient en en sont une preuve & les avant-coureurs. Or, comme les mœurs des femmes annoncent toujours les nôtres (car pour peu qu'un homme aime la vertu, il sait bien y ranger sa compagne ; & certes ne s'en soucie guères quand il souffre ses débauches), faut-il s'étonner de notre bassesse. Revenant à ce que nous avons dit quelques pages plus haut, que l'amour est un bien ou un mal selon les qualités de l'objet qu'on aime, je vous demande s'il est un bien dans cette corruption générale.

Pour nous en convaincre, voyons ce qu'est un homme de la bonne compagnie (*) maintenant. C'est un être maigre, fluet, pâle, vieux à trente ans, qui ruissèle l'ambre de tous côtés, se frise en pyramide ; ne parle que de chiens, de chevaux, d'actrices ; traite toutes les femmes fort lestement ; sait

―――――――――――――――

(*) Je le choisis de préférence, comme vivant plus avec les femmes, comme étant plus leur ouvrage, & leur appartenant presque tout entier.

E

trop bien vivre pour les respecter ; tranche sur tout, chasse aux bassets dans ses taillis, & de ces importantes occupations va commander nos armées. Jadis la jeunesse, moins téméraire, respectoit le courage, l'expérience, & sous une vieillesse auguste, apprenoit dans une longue subordination à se rendre digne de conduire les autres. De ridicules marmousets, à peine échappés de la férule, ne prétendoient pas montrer le métier aux guerriers vieillis sous le harnois. Saisi de respect à la vue de ces fronts cicatrisés, à l'aspect de ces vénérables monumens de l'amour de la patrie, le jeune apprentif n'avoit garde de rire des manières un peu agrestes, de la mise simple, de l'humble extérieur du soldat vétéran. On ne voyoit pas le militaire sans protection après quarante ans de service, avilir ses cheveux blancs sous l'arrogance d'un enfant, vice si monstrueux (dû aux femmes seules), que je suis étonné qu'on puisse trouver encore quelques subalternes de mérite,

& qu'il n'ait pas détruit entièrement le service, ce que l'on ne doit peut-être qu'au sentiment involontaire de l'honneur ; qu'à ce préjugé si fort, quoique si mal conçu, qu'il faut faire quelque chose dans le monde : car est-ce faire quelque chose, en vérité, que d'être en garnison pendant trois mois, & le reste de l'année croupir dans l'ignorance & le débordement de la Capitale. Tout état qui n'est point dans une activité réelle, n'est qu'un jeu; mais, comme il n'entre pas dans mon plan de suivre tous les effets, je laisse chaque lecteur à ses propres réflexions.

Guider avec grace un léger phaëton, donner joliment la main aux femmes, faire la révérence dans tous les sens & sans gêne, caractérisent notre siècle. Est-ce un bien ? S'il ne falloit ni laboureurs, ni guerriers, la question seroit moins importante. Mais ne sont-ils pas vraiment plus essentiels, que ces fades soupirans de coulisses, que ces amusettes de femmes, que ces tas de breandiers, de libertins, que ce vil troupeau de femmes perdues, d'hommes sans force, sans talens ? Qui doute que la France ne subsistât sans ces trois mille parasites, qui ne vivent à Paris qu'au dépend du trésor Royal ; & que pour renvoyer la Province, il ne faudroit que réduire au taux légitime d'usure & de pension.

Des maux présens, je n'attribue aux femmes que ceux qui s'accordent avec leurs manières d'être, leurs intérêts & leurs propres défauts ; que ceux que l'expérience montre toujours à leur suite ; que ceux dont elles sont toujours la cause ou l'occasion : tel que l'affoiblissement physique de notre sexe & sa frivolité. Qui attroupe, qui fait vivre, qui amuse en effet ces hordes d'ennuyeux oisifs, si ce n'est la femme ? En voit-on dans les provinces, où les fortunes ne permettent pas à l'épouse, à la mère de famille d'abandonner ses affaires, pour se parer, courir, & se prêter aux inutiles. Si tant de coquettes, de vieilles brelandières n'ouvroient des asyles, il faudroit bien s'occuper ailleurs, chercher quelqu'autre plaisir. La chasse, la culture des terres, des travaux utiles, la vie domestique de nos anciens preux reprendroit le dessus, & le fond des provinces se repeupleroit; mais on se lève tard, on court toute la matinée les femmes au lit; on revient bien las dîner, faire sa toilette pour aller au spectacle; puis souper en ville, jouer: deux heures sonnent; on rentre; on se couche. N'y a-t-il point là de quoi occuper l'ame la plus vigoureuse?

Non-seulement la femme affoiblit les hommes & les éparpille; mais ce qui est mille fois plus terrible, c'est d'être pour eux une source éternelle de haine, de dissention, de combat, de meurtres; j'en ai même connu plus d'une qui ne s'estimoient que par le nombre d'insensés qu'elles avoient excité à s'entregorger. Furies qui ne se repaissent que de sang humain; & qu'en bonne justice, on devroit écraser dans les longues agonies de la plus vive torture. Rien de si bon, de si généreux, de si sociable que l'homme naturellement. Il aime son semblable ; il le cherche, & se comptoit autour d'une table dans les longs épanchemens. Voyez une société d'hommes ; rien de si franc, de si cordial, de si joyeux : le cœur en est ému. Arrive-t-il une femme, adieu la concorde, la gaieté, la médisance, la noire jalousie, la haine souffle & vient troubler cette douce harmonie : & l'on peut s'écrier encore, comme la Fontaine, *Amour, tu perdis Troie*, le genre humain & les Dieux. Quels sont parmi nous les si grands motifs d'altercation ? l'amour, la colère, la vengeance, l'orgueil, l'ambition, l'intérêt : ce dernier est rarement meurtrier, s'il ne s'y en mêle quelqu'autre. L'avarice est lâche, l'ambition dissimulée ; & chez le simple particulier, coûte peu de sang ; mais l'orgueil, la colère, la vengeance, l'amour qui les enfante tous les trois ensemble, agit à force ouverte, & rien peut-être de plus sanguinaire. Cependant peu de personnes sont assez riches pour être avares; peu sont à même de sentir l'ambition, de s'y livrer, &c. & l'amour, ce fatal amour, ne demande qu'un cœur: l'amour se trouve par-tout; & son nom même, son nom, se fourre jusques dans les ouvrages, où il semble n'avoir rien à faire.

N'en voulons point à la nature; cette mère bienfaisante, calomniée parce qu'elle est mal connue, ne nous a fait aucun présent funeste; nous seul les corrompons. L'amour dans son principe étoit un bonheur: il l'est encore, quand la femme soumise à la vertu, n'emploie l'activité de son ame, son penchant au plaisir, que pour notre félicité; quand, satisfaite d'être aimée, elle nous laisse l'inquiétude de la protéger, de veiller à ses besoins; quand elle se contente d'être la tendre moitié de notre ame, sans en vouloir être la plus forte; quand elle ne fait point de l'amour l'instrument inique de son orgueil, de ses passions, de ses vues personnelles. Mais tout cela, le dirai-je? S'est évanoui avec notre empire;

& la femme trop libre est dégénérée comme ces plantes qu'on abandonne à elles-mêmes.

Faite pour la modestie & le calme de la retraite, elle a dû perdre au grand jour ces traits si doux, ces qualités si tendres, si paisibles qui la rendoient touchante, & peu dangereuse dans sa pureté. Froissée par le choc des intérêts, son ame s'est endurcie; en proie au spectacle des passions, le feu en a jailli dans son cœur; il en brûle; & le moindre souffle en fait un volcan; elle s'est totalement dénaturée, & tout ce qu'elle nous a pris, en fait un composé ridicule, monstre entre les deux espèces. Elle veut imiter l'allure libre de l'homme & la porte jusqu'à l'indécence; sa voix trop foible pour copier notre ton nerveux, s'est aigrie & déchirée; son œil n'a plus cette volupté mourante d'une paupière qui voudroit se fermer; il fait tomber le regard du plus intrépide soldat. Eh! parmi ces monstrueux changemens, dont la simple vue indique le rapide, l'étonnant progrès, le moral n'est pas devenu meilleur. Certes ce seroit un miracle bien extraordinaire, qu'un être si près du vice se fût épuré, en se couvrant de tout ce qui l'annonce. Jamais l'altière effronterie ne cacha un ame modeste : l'on a beau faire, malgré nous, l'extérieur prend la forme du dedans. Sans risque, je puis donc très-mal augurer de ces femmes dont le port hardi, le geste libre, la voix soldatesque, le front immuable m'annoncent le mépris des bienséances, l'oubli de la pudeur, ou des passions trop effrontées pour rougir. Comment se peut-il qu'un sexe qui porte la dissimulation si loin, ne cherche pas à voiler, au moins d'une apparence décevante, un tuf si noir? Remercions la prévoyance de l'être suprême, qui rend hideux tout ce qui est funeste ; sans cela, comment les ames simples & candides se sauveroient-elles ?

D'où vient ce mal dont nous sommes les premières victimes. Lecteur,

E 5

le dirai-je ? De nous, de nous seuls (& il est bien juste de l'expier), car nous verrons par la suite que rien n'est si funeste pour la femme que trop de liberté. Notre lâche complaisance lui a fait faire le premier pas ; les autres, elle les a fait toute seule. Toujours elle tend à la corruption : elle a besoin d'être guidée jusques dans la vertu, dont elle ne connoît pas trop l'essence. Lucrèce se poignarda après un viol : ne valoit-il pas mieux le prévenir par la mort, puisqu'elle avoit le courage de mourir. N'étoit-ce point là ce que ordonnoit la vraie vertu : en se tuant après que fait-elle ? que satisfaire à son orgueil, que s'immoler pour être vengée ; son discours en fait foi. Ainsi, dans une mort volontaire, qui pouvoit être la source d'une gloire immortelle, je ne trouve qu'infamie & toujours la femme. Dans le pillage d'une ville de Pologne, une jeune Religieuse tombe, assaillie par cinq ou six soldats forcenés. Pâle du danger que court son innocence, elle se prosterne aux pieds d'un de ces furieux, & lui dit: si tu veux me respecter je te rendrai invulnérable ; ce secret me vient de mes pères : fais-en l'essai sur moi. Le soldat crédule, tire son sabre & lui tranche la tête. Voilà bien l'héroïsme: les exemples en sont rares ; mais l'on voit du moins que ma sincérité, quand elle les rencontre, ne craint pas de les citer, tous contraires qu'ils paroissent à mon sentiment. Barberousse, assiégeant Fondi, petite ville, est prêt d'enlever Julie de Gonzague ; un Gentilhomme, au péril de sa vie, parvient à la sauver en chemise, pendant une nuit très-obscure. Trois jours après, elle le fait poignarder, alléguant la honte d'en avoir été vue ainsi. Lecteur, que dites-vous de cette douce vertu ? S'il m'étoit permis d'expliquer mes conjectures, je dirois qu'elle punissoit comme Diane, non la vue trop libre de ses charmes, mais la découverte de quelques défauts inconnus sans doute, puisqu'elle passoit généralement pour la plus belle personne de l'Italie.

Si vraiment elles font faites pour obéir, comment donc font-elles montées à ce degré de defpotifme qui nous rend en France leurs très-humbles valets? Le voici. Aimer felon la nature qui ne connoît pas les romans, c'eft obéir à l'impulfion phyfique qui réunit les deux fexes de tout ce qui vit. Point de forfait d'obéiffance jufqueslà: s'il furvient un concurrent, le fang peut couler, il eft vrai, mais fans haine, fans machination, fans fuites éternelles; & la pudeur (*), qui s'efforce à s'enfoncer dans les ténèbres, prévient la plupart des rencontres: libre enfuite, on ne s'appartient tout au plus que par le fouvenir: pour fe rejoindre, il faut de nouvelles circonftances. Chacun en cet état conferve le rang que fes forces lui donnent; & fi l'amour enfante quelque mal, il eft prompt &

(*) Une preuve que c'eft fon unique but, c'eft que l'éléphant, qui, par fa pofition fingulière, eft tout-à-fait hors de défenfe, eft l'animal qui a le plus de pudeur.

finit avec sa cause; parce que l'empire qu'il donne à l'être qui, dans une fermentation intérieure peut tout exiger de nous, ne dure qu'un moment. La femme, qui, pour sa défense & ses nécessités, a besoin de nous (*), a senti, que pour commander, elle n'avoit que l'amour; mais que dans l'intérieur de la nature il duroit trop peu, que ses besoins étoient trop passagers pour lui donner une longue prise. Qu'a-t-elle fait? Rien que de bien simple. Elle a caressé ce desir interne qui nous flatte, d'être au dessus de la brute, dans les besoins même les plus physiques; & ne pouvant profiter que de l'amour,

---

(*) J'ai vu les femmes nous demander ridiculement, au contraire quelquefois, comment nous ferions sans elles. Comment, mesdames! Voyez les couvents de Religieux, où votre ombre même n'ose entrer; & dites-moi s'il y a des biens mieux administrés. Avec quelle propreté, qu'elle économie, quel ordre tout s'y passe! Mais quand cela ne seroit pas vrai, ne vaudroit-il pas mieux renouveller un peu plus souvent nos serviettes, & éviter tout ce qui vous suit.

c'est lui qu'elle a falsifié de tous ces sentimens alambiqués, qui fuient devant un besoin trop pressant, qu'elle même oublie dans une pareille circonstrance, & qui ne sont au fait que des mensonges adroits. Dès lors, arbitre de nos plaisirs, ne dispensant ses faveurs qu'au gré de notre obéissance, il fallut s'y plier, se fixer long-temps à ses genoux, & perdre en vaines cérémonies un temps précieux, destiné dans son principe à des vues plus nobles, plus utiles. A force de parler de sentiment, nous l'en avons crue susceptible, nous avons applaudi à l'erreur, imaginant, d'après son assurance, que pour rendre l'amour délicieux il falloit qu'elle résistât long-temps ; enfin, à la longue, nous avons fini comme un sot, qui, à force de dire qu'il est savant ou noble, le croit enfin. Mais si l'amour n'est qu'un besoin physique, que devient cette chimère ? Qu'a-t-elle produit ? que l'empire pernicieux de la femme, & notre malheur.

Notre malheur ! oui. La femme, le plaisir des yeux, le charme des autres sens, n'est un mal que lorsque nous lui donnons prise sur nous ; quand de l'attachement physique nous passons au moral ; quand elle s'insinue trop avant dans l'ame. C'est alors, alors seul qu'elle trouble notre vie ; qu'elle tyrannise notre volonté, qu'elle nous arrache les larmes les plus amères, & nous réduit à la déplorable nécessité de nous jetter dans le tombeau, pour éviter des tortures pires que la mort. Cependant jamais la nature équitable & sage n'attacha la peine & les regrets à l'usage légitime de ses bienfaits, mais à l'abus. Là donc où commencent nos larmes & notre désespoir, là commence aussi l'abus de ces présens : la femme n'étoit donc pas faite pour être aimée ainsi ; elle-même le prouve.

En effet, qui n'a pas éprouvé qu'elle est d'autant plus tendre, plus complaisante, qu'elle a moins d'empire ; que pour irriter son attachement, il ne faut que paroître médiocrement épris, tandis qu'on la rend infupportable en l'adorant : femblable à ces animaux d'un naturel malin & revêche, elle a befoin de foumiffion, de crainte pour ne fe pas abandonner à fon penchant vicieux. Le mépris l'étonne, l'attache (*), fouvent même il fuffit de la tyrannifer (pardonnez l'expreffion en faveur de la vérité) pour en être idolâtré ; & fon cœur eft fi bizarement conftruit, que les bienfaits n'y peuvent rien. Dès qu'elle eft fûre de notre tendreffe, elle la met à l'épreuve, ne fût-ce que pour favoir jufqu'où elle va. Toujours plus vaine, plus fenfible, la certitude de plaire la rend à l'inconftance : il faut qu'elle doute, ou l'orgueil la dégoûte d'un cœur foumis ; elle vole à d'autres conquêtes. Quels époux ! quels amans ! Croyez-vous qu'elle trompe de préférence les plus foumis, les plus tendres, les plus honnêtes ? Elle fe joue de

_____

(*) On fe rappelle que je parle toujours en général & fur-tout ici.

l'homme crédule ; elle tyrannife avec fureur l'époux timide ; elle fait deffécher dans la crainte & le défefpoir l'amant qui ne peut vivre fans elle ; & lorfque l'infortuné gémit avec modération de fa cruauté, de fa vertu, elle fe rit dans les bras d'un galant moins neuf du Céladon. Auffi voit-on que celui qui ne les refpecte pas, & profite de la moindre occafion fans préliminaire, fans pourparler, eft un nouveau Laufus, à qui rien ne réfifte. Tout cela ne m'étonne point ; elle eft fi égoïfte ! elle aime fi drôlement !

Je crois, je l'avouerai, la femme très-peu fenfible, non pas à fes intérêts, mais dans la véritable acception de ce mot, ce qui nous prouvera par conféquent le bien qu'elle peut encore faire au cœur de l'homme. La fenfibilité, cette douce vertu, ne confifte pas à être pitoyable par intérêt, à n'aimer que ce qui nous plaît ou nous profite, fans autre confidération, autrement l'avare, le plus dur des hommes, en feroit le plus fenfible ; à venger avec la plus révoltante férocité la plus légère injure ; à ne jamais oublier une offense : mais, au contraire, à ne pouvoir supporter la douleur, la misère même de son ennemi ; à s'immoler au bonheur des autres ; à s'attrister du malheur de son frère ; à le secourir au lieu de le pleurer stérilement : car toute pitié, qui ne réside que dans la bouche, est fausse ou bien foible. Que vois-je chez la femme ? de l'emportement, de la personnalité, de la foiblesse par-tout. Allant plus loin dans la haine que dans l'amour (*) ; n'aimant que pour elle, toujours mêlant ses propres intérêts aux attachemens qui en paroissent le moins susceptibles.

(*) A la continuation de la pension de Mme de Maintenon, une femme ayant dit, que si la Reine vouloit récompenser les plus beaux yeux, & la personne la plus coquette de France, elle ne pouvoit mieux choisir. Mme de Maintenon conçut une haine si vive de ce simple mot, qu'elle ne pouvoit non-seulement voir, ni entendre nommer son ennemie, mais même passer devant son Hôtel sans se trouver mal.

Quoi de moins tendre, par exemple, qu'une mère qui préfère la vue, la jouissance de ses enfans à l'avantage inappréciable d'une bonne éducation, le plus grand, le moins immuable des trésors ; qui se lamente en insensée pour une séparation de huit jours ? il faut rire de sa prétendue sensibilité & de ses cris ridicules. Que penser encore quand, pâle, échevelée, furieuse, elle insulte à l'attachement d'un époux assez raisonnable, assez courageux pour lui arracher des enfans qu'elle gâte. Pauvre insensée, lui dirois-je volontiers, c'est bien toi qui es une barbare, en n'ayant pas le courage d'acheter de quelques jours d'absence le bonheur & la vertu de tes enfans. Elle les aime pourtant : oui, comme une poupée, comme un joujou, comme une jouissance, comme offrant une domination, comme satisfaisant l'orgueil, &c. S'il est un devoir cher & sacré, sans doute c'est celui d'élever, de nourrir soi-même ses enfans, tout en fait une loi ; & si l'attachement étoit véritable, le cœur offriroit la plus forte. Eh bien ! elle aime mieux les affaffiner, rifquer au moins leur fanté, & prolonger de quelques jours des charmes inutiles ; puifqu'ayant un mari elle peut s'en faire un ami fûr & folide par les qualités morales. Quand la Reine Blanche fait rejetter à fon fils le lait que lui avoit donné une de fes femmes, touchée de fes cris ; vous y voyez peut-être la dernière délicateffe de l'amour. Pauvre Lecteur, moi, je n'y vois que de la petiteffe ou de la barbarie. De la petiteffe, car certes cette goutte de lait n'eût point empêché fon orgueil de fe vanter légitimement de l'avoir allaité feule, comme elle le fit tant de fois : de la barbarie, en ce que le Prince n'ayant pas tété depuis long-temps, cette action pouvoit lui avoir fauvé la vie, & qu'il femble que fa mère eût mieux aimé le perdre que de le devoir à d'autres. Non ce n'eft point ainfi que raifonne l'amour. Toujours craintif fur le fort de l'objet qui l'attache, il ne s'informe pas comment eft venu son salut, son bonheur; il s'en réjouit. Parmi ce troupeau de femmes qui veulent bien travailler à faire des enfans, citez-en quelques-unes qui les allaitent, qui s'en chargent quand ils sont embarassans. Eh! que dire quand on les voit s'élancer dans les flots, traverser les flammes pour sauver des êtres qu'elles ont exposés mille fois à périr; quand elles font éclater à leur perte le plus sombre égarement, l'abattement de la mort. Que deviennent tous ces signes pathétiques? Femmes fausses ou coupables ne serez-vous jamais d'accord avec vous-mêmes? ne cesserez-vous point cette ridicule alternative de foiblesse & de vertu? Sachez que si vos enfans meurent dans des bras étrangers, vous répondez de leur mort, & que le crime n'est pas moindre devant Dieu & les hommes, que si vous les égorgiez vous-mêmes. Ce qui vous rassure, c'est l'incertitude si leur mort n'étoit point arrêtée de tout temps; mais dans un pareil forfait, le doute peut-il vous tranquilliser?

A Dieu ne plaife que je calomnie même le vice, ni que je veuille tout ramener à l'empire des fens. Cependant voyez combien l'aveugle inftinct a d'empire fur la femme; combien, jufques dans cet amour de mère, elle y porte de machinales prédilections; combien elle fe replie en tout fur elle-même. D'abord elle aime moins une fille qu'un garçon, foit par un aveugle preffentiment de l'avenir, foit qu'un garçon lui affure plus d'empire dans les deux familles, & l'y rende plus chère : mille raifons ridicules & perfonnelles l'attachent au premier, au dernier. Enfuite, par cette loi fage, quoique inconcevable, qui nous rend une chofe précieufe en raifon des peines qu'elle nous coûte ; elle préfère ceux qu'elle porta, qu'elle mit au monde avec le plus de rifque & de douleur. La fimilitude des traits la flatte ; les plus jolis la fixent: ainfi toujours elle aime fans choix ni raifon; & l'infortuné que trop de laideur rend à plaindre, que fon imprudence inutile ou que la nature quelquefois sévère, condamne au malheur & à la retraite par une triste conformation, cet infortuné qu'elle devroit dédommager de toute sa tendresse, lui répugne, lui est odieux. L'équitable raison, la vraie sensibilité ne règne pas plus dans son ame, que dans sa conduite. Parcourez tous ses attachemens, c'est la même chose. Quand on n'est pas bonne mère, peut-on être sensible ? Voilà pourtant l'histoire de toutes les femmes : si quelques-unes sont exemptes de ces horribles monstruosités, une foule d'autres les rassemble, les dépasse.

On trouve la femme plus égoïste encore & moins sensible que dans l'amour; dans cette passion singulière qui ne semble unir deux personnes que pour offrir à tout moment le miracle de l'amour propre, de l'intérêt immolé. C'est là qu'elle porte avec éclat cet esprit avare & mercantile qui ne la quitte jamais ; qu'elle songe à tirer parti des moindres circonstances ; que toujours de sang froid elle épie tout ce qui peut lui profiter, & sacrifie les charmes du sentiment à la nécessité d'être rassise pour nous tromper. Jamais les douces illusions de l'ame ne troublent sa raison : les vapeurs des sens y portent quelquefois leur grossière ivresse ; mais c'est alors une fureur plutôt qu'un attachement ; fureur dont les effets sont aussi dégoûtans que leur cause. Charmes délicats d'une véritable tendresse ! abîme de prestiges enchanteurs ! force de la sensibilité ! ravissement céleste d'un cœur embrasé ! vous êtes perdus pour la femme ! Comme le chasseur matinal, avidement immobile sur sa proie, devance l'aurore sans palpiter du réveil de la nature, sans faire attention à cette lueur pâle, avant-coureur d'une journée brûlante, sans recueillir avec extase ces parfums enivrans que la terre exhale de toutes parts à l'arrivée de son époux ; la femme, par son âpreté, perd tout ce que l'union des cœurs a de plus délicieux.

Attentive à échanger chaque complaisance

plaisance pour des avantages réels, elle marchande des sentimens factices, & n'en donne la pénible représentation, que le moins souvent possible. Il faut attiser son feu par des présens, des services, des soumissions ; lorsqu'au contraire le véritable amour, noblement jaloux de prévenir ce qu'il aime, l'accable de bonheur & s'oublie. L'homme, en aimant, n'a rien en propre ; il s'identifie si bien à son amante, qu'il ne sait plus quelle félicité est la sienne. La femme se reconnoît toujours. C'est en nous vantant son amour qu'elle épuise une fortune, dont elle paye en secret un rival moins trompé. C'est par les feintes d'un jaloux attachement qu'elle met notre complaisance à l'épreuve dans cette grace injuste qu'arrache son importunité ; dans ces besoins factices dont elle déguise le but ; dans tous ces faux prétextes dont elle voile les motifs intérieurs : c'est encore sous la menteuse apparence d'une félicité sans borne, qu'elle nous soumet à ses caprices ; qu'elle nous en lasse. Plus cruelle que la statue de Nabis, elle entoure de fleurs le poignard dont elle nous déchire; occupée d'elle sans cesse, ou comme Emelie, elle nous égare de plaisirs & plonge nos mains dans le sang de nos plus chers amis. Examinez que de vols, de crimes, de meurtres, d'atrocités, elle fait commettre journellement. Que de malheureux ruinés, égorgés, enfermés pour elle? Combien la plus honnête expose, pour un caprice, la fortune, la vie, le bonheur de son amant; & dites si tout cela s'appelle aimer, si tout cela vient d'une ame réellement sensible? Une multitude de femmes fait tout ce que l'amour fait faire, & l'on a cru qu'elle aimoit : mais sait-on au juste combien obéissent aux sens? combien ne semblent aimer que pour l'être; ne se prêtent au solide, comme à l'entourage de l'amour, que par indifférence, par oisiveté, pour être à la mode, pour ne pas rebuter, pour régner? Quelle multitude ne cède qu'à l'intérêt, qu'à l'ambition ! Le reste ne tombe que par l'importunité, l'adresse de l'attaquant, que pour arracher quelquefois un homme à une rivale qu'on hait. N'avons-nous pas vu une jeune femme, belle, riche, de qualité, se livrer en peu de jours à cinq ou six soupirans, tous fort méprisables, afin qu'un jeune homme qui l'avoit quittée ne pût se vanter de ses bonnes graces ? Que de vils, de bizarres motifs, tous étrangers aux sentimens, se mêlent à cette vaine apparence de l'amour !

Si les femmes étoient capables de sentir l'amour, elles le seroient de le dépeindre ; on ne verroit pas de jeunes filles en maîtriser à volonté, & l'apparence, & les brûlantes ardeurs ; tâter, avec tout le sang froid de l'indifférence, un cœur dont la perte les tueroit ; calculer avec la plus juste arithmétique jusqu'où leur orgueil peut sonder par des épreuves, & la force, & la réalité de l'amour qu'on leur jure ; & toujours, leur ame dans la main, n'en lâcher que ce qu'il faut

F 2

précisément pour en lasser celui qu'elles prétendent subjuguer.

Toutes en parlent, toutes le vantent cependant. Eh ! sans doute elles en parlent ! Comment négligeroient-elles l'unique base de leur empire ? Ne savent-elles pas, ne sentent-elles pas qu'elles ne règnent, & ne peuvent régner que par lui ; que plus nous en serons affamés, & plus elles seront despotes : aussi, devant les hommes, fait-il toujours le sujet de leur conversation (*). Elles emploient tout leur art, leurs graces, tout ce qu'elles ont d'illusion pour le parer, en éblouir nos cœurs ; elle nous traînent pour la même raison aux pièces les plus tendres, à celles qui peignent avec éclat les charmes de leur empire ; elles nous conseillent les romans les plus tou-

___

(*) Entr'elles c'est la médisance, qui ne prouve guères mieux encore en faveur de leur sensibilité, ou bien des propos si sales (même parmi de jeunes demoiselles), que le plus intrépide garnisonnier ne les entendroit pas sans rougir.

chans, non qu'elles s'en soucient ; car j'ai remarqué qu'elles choisissoient pour elles ceux qui sont surchargés d'aventures, de géans, d'enchanteurs ; ceux qui ne sont beaux que de sentimens les ennuient, (preuve sans réplique) qu'elles ne songent qu'à étendre leur tyrannie. L'amour n'étant chez elles que dans les sens ou dans la tête, qu'y a-t-il d'étonnant, que libres de son trouble, elles en parlent avec délicatesse, qu'elles ramassent avec art tout ce qui nous enivre, qu'il soit si délicieux dans leur bouche ? Mais cet enthousiasme, mais ce délire, mais ce feu dévorant, où le trouver chez elle ? Quand elles n'ont point de tempérament, quoi de plus ridicule, de plus gauche, que leur fureur compassée, leur ivresse froide, leurs risibles emportemens. Tout cela est pénible, & manque de cette ame, de cette énergie, qu'on ne joue pas, & que la passion seule rend naturel. Petites foncièrement, elles le sont encore bien plus par le vice de ce vil égoïsme.

qui, ramenant tout à foi, concentre dans le cercle borné d'un petit intérêt. Et leurs facrifices, que font-ils au fond, à quoi font-ils offerts?

J'en ai connu de ces facrifices des femmes, je les ai difféqués; & je puis affurer que tous étoient fondés, fans qu'elles s'en apperçuffent, fur les fens ou leur propre intérêt. Une femme eft capable de facrifier fa fortune (effort peu furprenant après la perte de l'honneur), fon pays, fa famille, fon orgueil même à fon amant, pourvu qu'elle en retire l'avantage de mieux jouir de l'homme: toujours il lui faut un dédommagement quelconque. Mais ces facrifices entiers, étonnants, d'une ame qui renonce à fon propre bonheur, à la vue même du bonheur qu'elle procure, mais ce renoncement mortel & total à l'objet chéri, mais cet oubli joyeux de foi-même n'appartient peut-être qu'à l'homme, qu'à cet être vraiment fenfible & généreux, qui fait, dans la partie la plus vivante de fa félicité, dreffer un monument à la vérité de son attachement. Les femmes, & j'en ai vu beaucoup, dans l'impuissance de posséder ce qu'elles aiment, se jetter avec désespoir dans un couvent. Voilà jusqu'où s'élève le sublime de leur tendresse. Devancez l'avenir, & dans un regret souvent très-prompt, découvrez le motif d'un tel emportement ; sondez cette ame furieuse ; sondez-la même au moment de la fuite, & loin d'y voir un amour délicat qui, charmé du bonheur d'autrui, en calme son amertume, en embellit ses pénibles jours ; un amour prêt à s'immoler avec ivresse pour l'objet chéri, reconnoissez la rage d'un usurier trompé, la stupidité d'un enfant à qui on enlève son joujou, l'égoïsme & l'affreux désespoir de l'avare qui perd son trésor, les cruels emportemens de la personnalité. L'ame sensible qui ne peut supporter de si grandes pertes, ne dit rien ; elle meurt. Pour ces prétendus efforts cités avec tant de complaisance dans quelques histoires apochryphes, ou dans les romans, qui n'en voit le ridicule & la férocité. Se battre pour l'amour est même dans l'homme orgueil ou brutalité ; c'est une fureur qui ne prouve pas l'attachement. Tous ces actes personnels flattent trop l'amour propre, la colère, & mille autres passions, pour être regardé comme le seul, le pur effet de l'amour. Que sera-ce donc dans la femme ?

Quoi donc a pu faire soupçonner la femme (*) de tant de sensibilité ? Son extérieur peut-être, sa foiblesse, ses traits si doux, sa voix qui remue jusqu'au fond des entrailles, sa facilité à pleurer, notre propre émotion. Signes faux & trompeurs ! que devenez vous à l'examen ? Quoi de plus âpre à la vengeance, de plus impitoyable dans sa colère, de plus sourd

―――――――――――――

(*) Le Romancier, le Poëte la feint telle pour l'illusion de l'optique, si je puis m'exprimer ainsi. Le sentiment se peint mieux sur une peau unie & fraîche, que sur un visage hérissé de barbe, & dont les muscles sont roides & sans complaisance.

aux larmes, aux tendres supplications d'un ennemi, de moins sensible dans sa passion aux intérêts d'autrui, de plus cruel dans sa fureur ; renverser, fouler, anéantir ce qui lui résiste, n'est qu'un jeu pour son cœur : briser l'instrument le plus cher pour se venger, se perdre en terrassant sa rivale, faire couler des flots de sang pour arriver jusqu'à l'ingrat qui l'abandonne ou la méprise, se plonger dans son flanc entr'ouvert, y guetter quelque reste de vie, s'attacher à ses froides dépouilles, en rire, les insulter avec mépris..... Non, malgré tant de preuves authentiques, je n'ose le croire ; je m'efforce d'en douter. Ah ! suivre les yeux fermés l'élan d'une première fureur, n'est que l'imperfection de notre nature, une foiblesse excusable quelquefois ; mais nourrir ce premier mouvement, mais le couvrir sous une tranquille apparence, & se servir avec réflexion du bras d'autrui pour consommer des attentats travaillés dans son cœur, est l'ouvrage infernal de l'être le plus méchant. Falloit-il hélas leur donner tant de charmes ou de cruauté ?

Pourquoi demanderois je encore aux vains partisans de sa sensibilité, pourquoi ce sexe répand-il, par-tout où il domine, la dissension, la haine, la froideur, l'éloignement ? Dans la société la plus intime, la plus fraternelle d'hommes, il ne faut qu'une femme pour souffler la discorde & la fureur. Son nom, son idée suffit pour rendre la conversation frivole, aigre & bientôt personnelle : jamais la paix & le bonheur n'habitent où elle s'insinue ; source de guerres continuelles dans les familles, les mésintelligences, les brouilleries sont toujours, ou le fruit de son orgueil, ou de sa langue perfide. On ne peut vivre en paix avec soi-même dès qu'on l'associe à son sort. Que d'hommes bons, généreux, francs, aimables, elle a rendu & rend chaque jour hargneux, avares, dissimulés, durs, enfin insupportables ! Eh ! cette médisance assassine ; cette médisance, unique occupation de sa langue babillarde, seul penchant de son cœur, son cher, son délicieux passe-temps ; cette médisance est-elle un fruit de sa douce sensibilité ? Pourquoi, lorsqu'il ne s'agit que de sentimens, ne trouve-t-on plus la femme ? L'amitié, sans doute, est rare parmi nous ; mais du moins notre espèce s'honore de cinq à six exemples fameux. Et la femme, la femme que vous voyez si tendre, qui dans l'amour, dit-elle, n'écoute jamais les sens, la femme en peut-elle citer même l'apparence ?

La langue elle-même ne dépose-t-elle pas contre sa prétendue bonté, puisqu'il n'est point de mot pour exprimer un père sans entrailles ; tandis que celui de marâtre est si antique, si commun. Que les fables des anciens (bien meilleurs juges que nous), soient, ou l'histoire de ce temps, ou de pures allégories, il n'en est pas moins vrai que les plus exécrables emportemens, que les plus inouis forfaits y sont tous attribués aux femmes : on n'a point osé risquer (ceux qui ne sont qu'imaginaires) sur le compte des hommes, il n'y eût point eu même de vraisemblance. Dans toutes les tragédies, jusques chez le galant Racine, ce peintre de la nature, voyez quels rôles atroces elle joue continuellement ? Toujours la fureur dans les yeux, le fer à la main, le bras levé, elle ne parle d'amour qu'en rugissant : ses moindres pensées sont d'égorger, de tuer, d'empoisonner, & le plus féroce tyran est moins hideux dans le massacre, qu'elle en parlant d'amour à l'homme infortuné qui ne peut l'aimer. Les histoires, les relations des voyageurs, les anecdotes, l'univers entier refoule des monumens innombrables de son exécrable barbarie ; & jusqu'en Perse Tavernier l'a vu boire le sang des cadavres, sans pouvoir étancher sa fureur. La veuve d'Henri II poursuivit pendant vingt ans le malheureux Montgommery, qu'elle fit enfin périr sur l'échafaud. Et je la vois, ô Dieu du ciel ! je la vois porter ses mains impies jusques sur les tristes fruits de ses entrailles, sous le prétexte menteur d'échapper à l'infamie, comme si l'infamie la plus exécrable n'étoit point d'ôter la vie à l'être qui ne peut la défendre. Plusieurs villes assiégées ont vu des mères se repaître de leurs enfans; que l'on cite un père, un homme qui en ait eu la pensée ? Est-ce donc là ce sexe foible, pitoyable, dont on nous vante tant la douceur ? Irritez, blessez son amour-propre, Lecteur, qui le croyez si humain, & vous verrez. Il semble que la dureté, l'égoïsme, soit le partage de ce sexe; car j'ai fait mille & mille expériences sur les deux de toutes sortes d'animaux, & je jure le Dieu de vérité que j'ai toujours trouvé la femelle moins sensible, plus rancuneuse, plus cruelle que son époux : aussi peut-on assurer que la femme, après avoir affoibli notre physique, fait encore plus de mal à nos cœurs.

Je sais bien que pour peu qu'on la connoisse, on la sent trop foible, trop peureuse pour exécuter ce que le venin des passions, fermenté dans son ame aigre & brûlante, lui inspire. Peu dangereuse par elle-même, si l'homme ne lui prêtoit son bras & son courage, sa colère ne seroit que risible, & l'on s'en amuseroit comme de l'enfant qui bat la table. Mais la bonté naturelle de l'homme, sa confiance en cet être dont il ne se méfie pas assez, sa corruption momentanée vient trop à l'appui de la méchanceté féminine pour ne la pas craindre : je reviens toujours à ce point essentiel ; mon cœur, on le voit trop, ne le peut quitter. Oui, je l'avoue, je voudrois convaincre l'homme que, lorsqu'une femme exige de lui quelque action déshonorante, ou un crime, elle ne songe qu'à elle ; & loin d'attendre cette cruelle preuve, pour mieux aimer l'infortuné qui la lui donne, elle ne le regarde que comme ces vils instrumens qu'on emploie, sans se soucier qu'ils rompent ou non.

La seule base de son empire est sa beauté ; notre foiblesse & son art la fortifient, & dès qu'une femme a de l'esprit & des charmes, quelque classe qu'elle embellisse, elle peut ébranler les fondemens les plus profonds de la plus solide Monarchie. Point d'attentats les plus hasardeux, les plus inouis, qu'elle ne fasse entreprendre; les Rois eux-mêmes sur le trône ne sont point à l'abri des coups forcenés de ses séductions: dès qu'elle voudra mettre à l'encan ses faveurs, toujours elle trouvera des hommes assez méprisables, assez dangereux pour les acheter. Que de fois cette idée m'éveillant en sursaut, m'a fait trembler de ma hardiesse! Que de fois pâle, effaré, j'ai jetté la plume, résolu de renoncer à cette tâche périlleuse. L'intérêt du bien public m'a fait honte de ma lâcheté; l'espoir d'être utile a ranimé mon courage mourant; & malgré les dégoûts, les risques & le peu de moyens, je poursuivrai. Heureux, trop heureux si mon zèle me tient lieu de talent, & prouve combien je brûle de servir mon siècle & les malheureux! Hélas! je l'ai tant été! Dans le moment même où je trace ces lignes sévères, je souffre si péniblement, que mon cœur, comme celui de *Didon*, s'attendrit sans effort aux misères d'autrui. Quiconque souffre est mon frère ; je le porte dans mon sein ; je lui donne mes larmes, & ne goûte plus un instant de repos qu'il ne soit soulagé. Homme de bien, femme vertueuse, qui me lirez, fondez-vous donc ? & si vous n'avez aucun des vices que je blâme, croyez avec assurance que ce n'est pas pour vous que j'écris ; mais si vous vous en sentez quelques-uns, corrigez-vous en silence au lieu de murmurer injustement : plaignez-moi sur-tout, plaignez-moi, si la nécessité me force d'entrer encore dans des détails humilians pour les coupables, & gardez de me soupçonner d'une infâme vengeance. Femmes, eh ! que pourroit vous reprocher un être malheureux dès l'enfance, qui n'a goûté quelque moment de bonheur que par vos soins ; qui, n'ayant aimé qu'une fois, une seule fois, a trouvé par une rare faveur les qualités les plus solides jointes aux plus attachantes de notre sexe, qui ne vous connoît par lui-même qu'en bien. Vous le voyez, Lecteur, avec quel enthousiasme j'en parle ; mon idolâtrie perce à travers mes aigres reproches ; ma plume brûle; mon style, malgré moi, s'emporte. Qu'un Dieu propice ne m'a-t-il fait naître dans toute autre circonstance ! Avec quelle douce satisfaction je les eus louées ! quelle joie pour mon cœur d'en parler comme il en pense ! quelle source intarissable d'heureuses louanges j'eus découvert à tout moment ! Peut-être les aurois-je peintes avec assez de charmes pour les faire adorer de l'Univers entier, comme elles le sont de tout mon être. Mais voyez, & jugez si je devois le faire ?

Rassurez-vous ames sensibles, rassurez-vous ; cependant le vice est particulier, l'insensibilité accidentelle, & la femme n'est point foncièrement dure & dangereuse. Le ciel, le juste ciel ne l'a point faite comme ces verres, enfans de l'art, capable de porter parelle-même tout l'incendie, sans l'être de brûler. Non, non, malgré l'altération du grand nombre, il en existe encore d'honnêtes, d'aimables, de vertueuses, de sensibles; il en est, il en est plus d'une encore dignes de faire le bonheur d'un honnête homme, dignes même de le conduire à la félicité par la vertu; mais le nombre en est petit, le choix difficile, dangereux; & c'est pour vous apprendre à les reconnoître, que je marque si fortement tout ce qu'elles n'ont point. Sans doute, si nous bornions la femme à l'impression des sens, ce ne seroit point la peine de la connoître ou de la corriger; mais puisqu'elle va jusqu'à l'ame, jusqu'à la volonté, peut-on jamais prendre trop de précautions contre ses emportemens, ses vices monstrueux? & comment en trop faire pour la connoître à fond, pour savoir quand elle est dangereuse, quand il faut s'en méfier, quand on peut l'aimer sans crainte: ou commencer chez elle l'altération, l'abus, le danger, parler de ses défauts n'est pas la peindre, ce n'est faire le portrait d'aucune ; & cela ne doit pas l'irriter davantage, que lorsqu'on dit aux hommes : craignez les fourbes, les flatteurs, votre orgueil & vos passions.

Mais que doit-elle penser de mon épigraphe ? Je n'en sais rien ; pourtant je la crois vraie. Eh ! quel est le rare mortel qui ne lui doit que du bonheur ? Où est-il ? qu'il vienne ? qu'il m'avoue la longueur de sa félicité ? il le feroit en vain. Ne sais-je pas moi-même quel feu fait pétiller dans nos veines leur présence, que dans l'ivresse d'une fomentation intérieure, on a des rêves ; mais ils sont courts, mais ils sont suivis d'un réveil, d'une solitude terrible ; & je crois que la femme, comme la fortune, laisse dans un état plus heureux ceux qu'elle ne favorise jamais, que ceux qu'elle abandonne. L'amour, l'amour, seul bien dont on puisse louer ce sexe brûlant, est une ivresse plus terrible que celle des liqueurs fermentées qui troublent l'ame par l'enchantement des sens, & n'est un bien, comme elle peut l'être, qu'en nous dérobant la vérité de notre situation & de tout ce qui nous entoure; pour être un bonheur il la faudroit éternelle; mais il est si volage cet amour: feu terrible qui brûle en éclatant, il résiste à tous nos efforts; plus mortel qu'autrefois, il vit dans nos veines, s'y nourrit en silence, & dévore avant même qu'on l'ait senti. Vain jouet de toutes nos frivoles précautions, il se rit d'une inutile prévoyance, & se plaît à déchirer ceux qui l'insultent; un rien le fait naître, un rien le détruit; &, sans la fatigue & les plaies qui lui survivent, à peine sauroit-on son passage: semblable à ces torrens fangeux, dont la chûte bouleverse en un moment le pénible ouvrage du pâle laboureur, il ne s'annonce que par les ruines & l'effroi.

Principe étonnant de cette fureur qui brûle nos deux substances! femmes, son unique aliment! être ange ou démon, plus à craindre que la peste, la guerre, la famine ! malheur à qui sent tes charmes ! Hélas ! on ne fait que mourir de ces derniers fléaux ; mais, toi, c'est à l'ame que tu fais mal ; c'est dans cette partie, la plus sensible de nous-mêmes, que tu distilles ton venin corrosif ; &, dans un siècle, ne mourût-il qu'une personne, une seule personne, d'amour, on doit trembler. Une fois ce besoin de la sensibilité, cette chimère inconcevable subjugua mon cœur : dirai-je quelle fut alors mon éxistence ? quelle succession rapide de plaisirs, de peines, de repos, de trouble, d'ivresse, de désespoir ; comme tout se hâtoit, se mêloit, s'entassoit, se heurtoit dans mon sein, sans pouvoir jamais distinguer si j'étois heureux ou malheureux ! Peindrai-je...... Eh ! le pilote, échappé de la tempête, peut-il en raconter les particularités quand son habit ruisèle encore du naufrage ; quand les vents bruissent encore sur sa tête ; quand il croit sentir palpiter sous ses pieds le terrein le plus ferme ? Dans ce trouble, ce péril, ce chaos confus d'élémens soulevés, qu'a-t-il vu ? qu'a-t-il senti ? Le réveil de l'amour ressemble à celui de ces songes fatiguans par un amas pressé des plus affreuses situations : tout s'oublie ; on n'a qu'un souvenir confus des plus pénibles. Et ces accessoires, ces nuances si fines, ces transitions délicieuses, ces brusques orages dont le calme est si doux, les causes internes, les causes de tous ces changemens échappent ; il ne reste que les membres épars & disjoints d'un roman enchanteur par sa féerie. Comment, comment les infortunés qui n'en palpitèrent jamais, les imagineroient-ils ces incompréhensibles effets ? Je leur pardonne donc d'en rire, non d'en nier l'existence. L'aveugle, qui méconnoît l'admirable jeu des coulours, est-il en droit d'en réfuter le miracle : non, que les cœurs froids, que les corps sans ame, se mocquent de la prétendue tyrannie de ce fougueux sentiment ; il n'en est pas moins vrai qu'il en existe des preuves terribles, & que l'homme sensible ne peut se flatter d'échapper toujours à son atteinte.

Quelque incompréhensible que soit l'amour, quelques surnaturels que paroissent ses effets, il faut y croire ; non pas comme les femmes, tout-à-fait dégagé des sens & n'existant que dans l'ame, en frère de l'amitié, mais en tyran des deux. Et qu'y gagneroit-on, s'il n'étoit qu'amitié ? Incapable de nous éclairer dans nos affaires, de nous guider dans notre conduite, de nous accompagner dans nos courses, de nous secourir dans nos périls, de nous servir que dans les choses futiles, à quoi la femme réduiroit-elle ce délicieux sentiment ? Par où nous dédommageroit-elle de la fermeté des lumières, de la force des talens, de tous les inexprimables avantages d'un sincère ami ? Délicieuse dans les premiers déchiremens d'une perte sanglante, elle amollit un sombre désespoir ; elle l'empêche de se durcir, de retomber sur le cœur, & le provoquant au dehors, elle le change en un sentiment, & nous soulage des larmes : mais quand il faut cicatriser la plaie & la rendre insensible, sa main hésite : dans l'essentiel à quoi est-elle propre ? Laissons donc, laissons l'amour ce qu'il est ; un incroyable mélange des plaisirs de l'ame & des sens, un abyme d'enchantemens & de larmes non moins douces, une illusion étonnante ; & tout cela n'est point l'amitié.

Si l'amour, comme elle, ne dépendoit en rien des sens, pourquoi n'entre-t-il dans l'ame que par eux ? pourquoi n'aît-il sans réflexion. Un mot, un geste, un soupir, la moindre convenance suffit ; & sans attendre que la raison ou la possibilité approuve son choix, l'ame vole. A cette promptitude forcée, ne faut-il pas reconnoître l'influence peu noble des sens aveugles, & le sentiment le plus opposé à l'amitié, que le temps seul produit ; que la vertu soutient ; qui se fortifie en vieillissant : tandis que le fol amour, ouvrage d'un caprice, périt par un caprice, & ne peut résister aux années,

non

non plus que tout ce qui n'est fondé que sur les sens. Pourquoi, dans cette union prétendue morale, pourquoi faut-il un effort pénible pour oublier ce teint de lys, cette bouche de rose, ces cheveux d'ébène, ce port de déesse, tout ce dehors qui fixe, qui tourmente, qui plaît : car l'ame des femmes, pour le grand nombre, n'est belle que de la beauté de leur corps ; & quand le portail est commun, rarement on est tenté de passer outre : on n'y songe même que par un retour de délicatesse ; que pour se justifier son enthousiasme, son idolâtrie, & toujours après-coup. Les femmes elles-mêmes ne jugent de notre mérite que par le frissonnement involontaire, inopiné, que leur cause le premier coup d'œil : s'il est froid, n'en espérez rien ; elles reviennent plutôt de l'antipathie à l'amour, que de l'indifférence à ce dernier sentiment : aussi ai-je vu d'habiles galans, n'ayant pu les toucher par leurs soins, s'en faire haïr pour dernière ressource. Qu'elles sont les femmes qui aiment le plus, & dont

G

on triomphe avec aisance ? celles qui ont des sens. Toutes ces acariâtres, ces pigrièches, ces prétendues insensibles sont des statues, qui, semblables à Galathée, sont de marbre. Enfin ce qui tranche la question (*), c'est que la plus heureuse fin de l'amour, est de se changer en une espèce d'amitié, qui, sans être aussi pure, aussi douce que la vraie, a néanmoins ses charmes ; en ce qu'elle participe, comme ces cantons limitrophes des deux climats, aux avantages des deux. Que le beau sexe donc ne s'y trompe pas : l'amour tient aux sens plus qu'il ne pense, & nous n'avons fait qu'épurer son langage pour ennoblir son appétit un peu brute. Une telle vérité prouvée trop hautement embarrassera beaucoup ; je

―――――――――――――――

(*) Sur laquelle je ne me suis tant arrêté que pour démontrer ce qu'elles peuvent sur le cœur, puisque n'ayant que l'amour pour s'y insinuer ; si l'amour ne tient qu'aux sens, elles n'ont d'empire sur nous que par les vices dont elles abondent. Bientôt nous allons voir ce qu'elles peuvent encore sur l'esprit.

le sens, la dignité de nos héroïnes, qui ne le rendent matériel que par surprise ; mais n'écrivant que pour leur félicité, je ne dois point les laisser dans cette erreur, si tant est que ç'en soit une pour elles. Je n'en ai même parlé, que parceque j'ai ouï proposer sérieusement cette question par des personnes, qui pouvoient s'éclairer de leur exemple ; & ce qui m'a toujours paru fort singulier, c'est que toutes ces prétendues métaphysiciennes, étoient toutes fortement dans ce cas. La naissance de l'amour & son but, prouvent clairement ce qu'il est. Tout le reste, ridicule roman, n'a, comme tous les autres, qu'une même fin, qu'un seul dénouement, vers lequel il marche d'une manière plus ou moins ouverte, mais constante. L'amour Platonicien est la pierre philosophale de ce sentiment, que tout le monde cherche, dont beaucoup se vantent, & que personne n'a encore. J'ose même assurer que si celle-ci n'étoit le détour d'un orgueil louable en quelque sorte, ce seroit la plus pitoyable des erreurs : heureusement que ses plus intrépides alchymistes de tout sexe, savent bien qu'en penser. Nous ne soutenons (m'a souvent dit une dévote) qu'il peut exister, que pour avoir au moins le plaisir de parler de quelque chose qui lui ressemble.

Après avoir légérement parcouru l'effet de la femme sur le physique, & le cœur, descendons un peu dans son ame, & voyons ce qu'elle est au fond. Ce sera encore une nouvelle manière aussi sûre que les précédentes de connoître ce qu'il en faut attendre. Il est des choses (comme dans le passé), que je ne pourrai dire ; chacun y suppléera de ce qu'il sait par l'expérience, ou la lecture.

Maintes fois en me promenant sur les rives fleuries d'un léger ruisseau, ou sur les bords bruyants d'une mer en fureur, j'ai cru reconnoître dans ce mobile élément, si dangereux quelquefois, le vrai tableau de la femme, à la transparence près. Comme elle, sans consistance, il n'attend sa forme que des objets qui l'entourent : facile à corrompre, difficile à purifier, le moindre souffle l'agite, y cause des tempêtes terribles. Agréable, salutaire même dans sa pureté, la plus légère altération en fait un poison, l'horreur de tous les sens. Incapable de résister au plus petit choc, sans être cruel par lui-même, il est quelquefois la cause des plus sanglans évènemens : de même ces foibles créatures, tristes jouets de leurs passions, ou de quiconque veut les tromper, méritent autant de pitié que de haine dans leurs forfaits. Subjuguées par leurs sens ou leur tête, leur frêle sagesse ne dépend non plus d'elles que le calme de l'onde ; elles peuvent aller au plus grand bien comme au plus grand mal, selon le guide; & quelques bien élevées qu'elles soient, le hasard entre toujours pour beaucoup dans leur vertu : je crois même qu'elles ne peuvent se répondre d'aucun des mouvemens de leur ame. Anne de France, fille de Louis XI, dont on ne peut récuser ni le sexe, ni le témoignage, disoit, que les femmes les plus sages étoient les moins folles, parce qu'il n'y en avoit pas qui n'ait, en quelque temps que ce fût, aimé ou entré en tentation, les unes plus, les autres moins : & comme elles ne peuvent avoir qu'une seule passion à la fois, elles s'y livrent toujours avec l'abandon & la fureur d'un être foible, sans contrepoids, sans occupation.

J'ai connu, dans une Ville de province, la femme d'un riche particulier, pleine d'esprit, de mœurs, de bons principes de vertu même; & digne des justes respects de toute la ville, malgré sa pente à voler. Mais ce penchant en elle étoit si furieux, que toutes les considérations, & de l'honneur, & de la Religion, & de l'infamie, ne purent l'en guérir. Un jour, étant allé acheter des dentelles, elle ne put s'empêcher d'en mettre furtivement une pièce dans sa poche. Le marché des autres conclu, elle rentre dans sa voiture sans rien dire; arrive; monte;

s'enferme ; & tirant son vol l'examine avec extase. La première demi-heure fut délicieuse. Bientôt l'effervescence refroidie, le remord cria ; la honte, la rougeur, le désespoir l'étouffèrent ; &, dans l'effroi d'une conscience bourelée, elle crut entendre l'Eternel prononçant l'arrêt formidable de sa réprobation. La nuit elle s'éveilloit en sursaut : tout lui rappelloit son crime, tout lui en paroissoit une indice : sur chaque front elle croyoit lire sa sentence ; elle n'y put tenir. Un jour que le magasin étoit rempli d'acheteurs de tout sexe, de toutes conditions, elle se jette hors de sa voiture ; fend la presse ; tombe à genoux devant le marchand ; tire la pièce de dentelle, & lui dit, le front prosterné contre terre : *Monsieur, je vous l'ai volée ; j'exposois peut-être un innocent à périr ; je vous la rend; ne vous méfiez que de moi : je suis une malheureuse, indigne de pardon, & qui n'ose le solliciter.* Qui ne croiroit qu'après cette généreuse résolution, prise de sang froid, cet anéantissement de l'amour propre, cet effort sublime, cette ame héroïque ne se fût corrigée ? Huit jours après elle vola : telle est la femme. Elle ne peut, elle ne sait point éteindre ou modérer sa passion ; jamais elle n'en a de médiocre, & toujours elle en périt. Que ne puis-je citer tous les exécrables excès de cruauté ou de débauche, dont j'ai été par hasard le témoin : tout jeune que je suis, je ferois frémir. Mais en faut-il des exemples particuliers ? tout l'Univers, toutes les histoires en soulèvent. Qui a poussé plus loin le libertinage & la lubricité ? a-t-on jamais vu, dans quelque contrée que ce soit, des hommes se louer à la face de l'Univers ; trafiquer hardiment de leur corps, lever avec pompe des boutiques de débauche, & se faire payer d'une complaisance infâme, comme d'une action honnête & juste ? Quelques jeunes gens, gangrenés par le commerce des femmes, ont l'infamie, il est vrai, de vendre des rêves à la vieillesse : grace au ciel, ils sont rares, ils sont en abomination au reste des hommes ; eux-mêmes tôt ou tard rougissent & se corrigent. Cependant l'homme seroit plus excusable encore ; il n'a point tant de vertus à fouler ; la pudeur, la timidité, la douce honte, l'affectent moins. Le consentement universel du genre humain, ne lui fait pas un devoir indispensable de la chasteté ; les risques, les suites en sont moins funestes, quand il la méprise. Je sais que c'est là, bien souvent, l'invincible cause qui condamne une fille coupable à se vendre pour avoir cédé une fois : mais ces dangers, ces loix sévères, tant d'obstacles à surmonter devoient être précisément ce qui devoit la garantir ; & si tant de motifs sacrés, si la pudeur, si la décence, si la honte, si l'effroi d'un avenir malheureux, si tant de contraintes, & les barrières les plus fortes n'ont pu la contenir, convenez donc de sa foiblesse ou de sa pente à la corruption : car enfin il est encore loin d'une foiblesse envers un amant, adroit, tendre, qui séduit par l'appa-

G 5

rence des vertus ; jusqu'à cette effronterie dégoûtante, qui fait qu'une femme se loue comme une vile bête de somme. Après un si monstrueux abrutissement, où s'arrêtera-t-elle ? que se refusera-t-elle ? Et ce qui doit faire frissonner, c'est que de pareilles créatures ne sont pas rares ; mille noms pompeux en décorent une foule ; & à force d'en rencontrer, on ne les croit plus ni extraordinaires, ni dangereuses. Ni dangereuses ! Eh, j'en appelle à l'expérience ! Dites-moi, que peut vous conseiller un cœur pourri de vices, abruti dans la honte, insensible à toute délicatesse ; un cœur qui ne respire que luxure, qui ne songe qu'à repaître les infâmes passions dont il est affamé ; un cœur.....

Non, non : rien de plus formidable ; point d'innocence assez ferme pour les fréquenter sans péril ; & quand on aime les femmes, il est bien essentiel de conserver, jusque dans la fureur de la passion, cet empire sur soi-même, ce sang froid, juge redoutable de nos pensées. On ne sauroit se mettre trop en garde contre leur corruption, leur bassesse & l'emportement de leur desir. Quel homme n'a point frémi des idées qu'elles suggèrent, de ce qu'elles laissent deviner? Cela doit-il paroître étrange? Sans occupations, quand elles méprisent leur devoir (comme de nos jours c'est la mode), sans autre idée que le plaisir, sans guide que leur passion; ne faut-il pas qu'elles produisent beaucoup de vices? Rarement l'oisiveté est innocente: notre nature est si perverse, que dès qu'on ne s'occupe de rien, le mal est toujours ce qui vient à l'esprit: l'homme a l'avantage d'être souvent arraché à lui-même; la femme retombe dans son cœur. Mais je le dis même aux ennemis de l'amour, ce n'est point par lui qu'elle a quelque empire pour le crime. Non. Je crois, je sens, comme l'a dit J. J. Rousseau, que le véritable amour est non-seulement incapable de crime, mais encore de la moindre action infamante. Né dans une ame sensible, cet impétueux sentiment ne subsiste que par l'enthousiasme de l'estime ; il se plonge, il s'abyme dans l'immensité des perfections qu'il voit dans l'objet adoré ; il le contemple, l'admire comme le chef-d'œuvre de la nature ; & dans le double orgueil dont l'enivre ce phantôme de sa complaisance, il est trop occupé, trop loin du reste des hommes, pour connoître leur ignominieuse foiblesse. Dans ce siècle d'airain, où les femmes sans vertu se prostituent si facilement ; où les ames sans ressorts ont perdu toute leur énergie, leur sensibilité ; c'est le libertinage, ce honteux échange des plus physiques sensations, que suit la multitude. Est-il étonnant qu'à la lueur épaisse de ce grossier fanal, on s'égare sur une mer hérissée d'écueil & de naufrage ? qu'à la merci des sens, on commette des actions atroces, & qu'on aille plus loin souvent qu'on ne veut ? Quoi d'étrange, que dans l'aliénation d'une pareille fureur, on foit un monstre sourd aux cris de l'humanité, & de la religion ?

« Car enfin quelque nom que l'on donne au fentiment né dans la honte de foi-même, il ne peut être l'amour, il n'en a point les effets; & toujours il gangrène les cœurs qu'infecte fa monftrueufe naiffance. Paris offre peu de demoifelles dans la fociété; les veuves y font rares auffi : il ne refte donc à aimer que des époufes, des mères de famille. Eh ! peuvent-elles aimer purement ? elles qui commencent à fe déshonorer en aimant ; elles qui doivent renoncer à tous les principes ; fe rire des fermens faits aux pieds des autels à la face de l'Univers ; fouler & le refpect dû à foi-même, & celui d'un époux, de l'honneur duquel elles font dépofitaires. Elles qui doivent s'endurcir contre la pudeur ; fe familiarifer avec la honte, fe perfectionner dans le menfonge, l'intrigue; fe couvrir d'effronterie; toujours fe cacher dans l'ombre, comme ces animaux impurs qui souilleroient la clarté du jour ; elles, dont le premier pas en amour est une fourmillière de crimes (*). Quelle fierté ? Quelle vertu ? quel sentiment d'honneur peuvent survivre ? & comment, dans l'humiliation des mépris dont on se sent digne, conserver cet enthousiasme de l'honnête & du beau, qui purifie l'amour, le véritable amour, & l'empêche de tomber en corruption ? Comment s'étonner qu'une liaison fondée sur le vice, en soit l'intarissable source ?

Je remarque que depuis quelque temps, l'espèce humaine est si dégradée dans quelques cantons, qu'il seroit à souhaiter que chacun vécût isolé ! car rien n'est si terrible que l'union de deux hommes corrompus. Comme les ames vertueuses s'unissent pour se fortifier dans la route de la vertu, deux scélérats se prêtent mutuellement des forces

―――――――――――――――――

(*) Je ne répète pas tout ce qu'en a dit le brûlant citoyen de Genève : chacun le sait & peut l'ajouter.

pour des forfaits qu'ils n'auroient osé commettre seul : & voilà pourquoi le crime est si commun dans les grandes Villes, & ne suit pas la progression du nombre. En dirai-je encore une raison, c'est que plus les villes sont peuplées, plus la femme est puissante, à cause du grand nombre de débauchés, de fainéans ; & plus la femme est puissante, plus les passions, seules causes de tous les attentats, sont attisées & fougueuses. Moins l'homme a de passions, moins il a d'intérêt à commettre le crime, moins sa vertu est attaquée : d'ailleurs, moins oisif quand il n'écoute pas la femme, il se distrait de ses mauvais penchans, des secrettes inspirations d'un cœur dangereux par un travail utile & constant ; & quel qu'il soit, loin d'elle il est toujours moins terrible. Car, incapable de ces atrocités effrayantes, de ces longues machinations, il tombe avec toute l'impétuosité de sa force & de son caractère, & son premier mouvement seul est à craindre. Quelques contrées du Midi, composées d'un ramas de scélérats, de fuyards, de l'égout, pour ainsi dire, de l'Univers, font une exception, & non un caractère distinctif de l'espèce : au lieu que la femme, depuis les cavernes de l'Islande jusqu'aux rochers brûlans de Candi, est la même ; rien n'est moins varié.

Un forfait atroce par la jeunesse & la sérénité du scélérat, vient de faire trembler toute la France ; mais si une femme en fut victime, une femme est soupçonnée d'en avoir été la cause, le conseil & le prix. J'ai eu occasion de lire une multitude de procès criminels, & je l'ai toujours vue jouer les mêmes rôles. Les hommes cependant vont périr en plus grand nombre sur l'échafaud. Oui, sans doute, parce qu'ils sont l'instrument qui agit à découvert, & qu'en mourant ils ont bien souvent la générosité de cacher l'infâme main qui les poussoit. Et puis, que de ressources n'a pas la beauté pour se sauver ; & vous sentez bien que c'est toujours une femme jolie qui a le suneste pouvoir de nous égarer auſſi fortement. Quelque choſe qu'on en diſe, je ſoutiens qu'il n'y a point d'attentat qui ne ſoit commis pour ce ſexe; & diminuer ſon empire, n'eſt qu'en diminuer le nombre.

Dans tous les climats, c'eſt la pareſſe & l'orgueil que la femme fomente par-deſſus tout; la pareſſe, en nous rendant caſaniers; l'orgueil, parce qu'il entre dans ſa ſubſtance. On peut, juſqu'à un certain point, deviner les funeſtes effets d'un invincible orgueil. Qui ſait combien de vertus, de belles actions, de bons ouvrages en tout genre, la pareſſe étouffe en leur naiſſance? Que de mal elle fait au genre humain? En aiguiſant la ſoif du plaiſir, la femme encore eſt funeſte; mais comme il ne rend pas l'homme méchant, je compte ce mal pour rien. Il n'en eſt pas de même du penchant malin à la ſatyre, à la calomnie qu'elle nous communique à la longue; de tout l'attirail vicieux qui la ſuit; de ſes goûts faux & fantaſtiques qu'elle nous inspire ; de tout ce que je n'ose prononcer. Mais le Poëte Codrus dit que la mer renferme moins de poissons & le ciel d'étoiles, que la femme de méchancetés ; Hypocrate, qu'elle lui est naturelle ; Laburius, qu'elle ne pense qu'au mal ; Eurypide, qu'elle est capable de tout ; Socrate, le sage Socrate, que le premier crime vient d'elle ; Thucydide, que la plus grande gloire qu'elle puisse mériter, c'est qu'on n'en parle ni en bien ni en mal ; Aristote la regardoit comme le premier des animaux, & l'on sait qu'en France, il n'y a pas long-temps cette question se renouvella. Le stoïque Caton répudia sa femme ; Philippe protestoit qu'il n'avoit point eu de plus grandes, de plus pénibles guerres à soutenir, qu'avec Olimpie. Eh ! quelle pitié de voir le bon Henri IV, vainqueur de tous ces ennemis, sortant des négociations les plus épineuses, échouer avec les meilleures têtes de sa Cour ; à maintenir la paix entre deux femmes, y employer plus de mouvemens, de combinaisons, d'étude, que pour pacifier l'Univers. On voit par cette courte liste, facile à tripler, quadrupler, quintupler, que mon sentiment n'est pas nouveau: tant mieux; il n'en est que moins vrai. Je serois bien fâché de dire quelque chose qu'on n'eût jamais pensé, ni dit : ce seroit une forte présomption de fausseté, ou tout au moins de péril & d'indiscrétion. L'expérience n'apprend que trop ce qu'il faut croire de nos modernes philosophes, qui débutent toujours comme Arlequin, par annoncer avec emphase du nouveau, tel qu'on n'en a point vu. Quelle présomption ! se croire tout seul plus penser que deux mille siècles ensemble. Revenons ; car si je me laissois aller sur ces Messieurs, j'en aurois beaucoup à dire ; & certes il n'est pas temps encore : il ne faut point s'attirer sur les bras les femmes & les philosophes à la fois. Bon Dieu ! qui y resisteroit ?

Je répète ici ce que j'ai dit en parlant de l'amour. Nous ne pouvons attendre des femmes, ni la sérénité d'une ame stoïque, ni le sang froid de la raison, ni les conseils d'un esprit éclairé. Propres au plaisir, elles nous manquent dans l'essentiel : le peu de vertus qu'elles ont ne peut nous convenir ; leurs vices nous rendroient affreux, & je ne vois que du péril près d'elles. Fleurs délicates & charmantes, qui vont jusqu'à fortifier l'ame, en ranimant la machine qu'elles embrâsent, qu'elles enivrent pour peu qu'on s'y fixe trop ; elles semblent faites pour le bonheur, la joie, l'ornement de notre vie, pour être le prix, le délassement de nos travaux ; mais non, pour une occupation sérieuse. Libres de nos devoirs, dans les instans de loisir, cultivons, contemplons cette aimable plante, adorons-la ; qu'elle fasse nos plus délicieuses journées ; cueillons d'une main légère & circonspecte tout ce qu'elle offre de céleste à tous les sens ; mais craignons-la fureur, craignons, *latet anguis in herba*.

C'est ici l'occasion, je crois, de répondre au reproche qu'on m'a fait sans doute pour rire, de n'avoir rien dit du remède dans mon premier essai. Serions nous assez loin de la nature, & de la vertu, pour l'ignorer ? Qui ne voit que la femme, est un enfant timide sans consistance, sans stabilité dans les principes ; toujours prêt à échouer ; pour qui l'exemple du vice & de la corruption est mortel ; qu'il faut toujours soutenir sur les bords du précipice, & pour qui le plus grand danger, est l'abandon. Il faut une ame bien ferme, bien saine pour résister à la séduction. Un être qui n'est que ce qu'on veut qu'il soit ; qui, faute d'occupations sérieuses & de principes, ne songe qu'au plaisir ; chez qui l'orgueil est l'unique instinct, que peut-il faire dans le tourbillon du crime, parmi des intéressés à le corrompre ? Pourquoi tous les siècles, toutes les contrées, tous les peuples, si différents de vie & mœurs, s'accordent-ils tous à regarder la femme comme l'être le plus fragile, le plus dangereux, l'unique qu'il faut reléguer dans la retraite, & conduire à la lisière ? Nous seuls, de tous les peuples, lui donnons autant de liberté, d'empire ; voyez comme elle en use ? quelle est sa reconnoissance ? Est-ce donc l'honorer que de nous déshonorer, en lui obéissant ; & ne peut-on l'aimer sans l'imiter ? Que veux-je ? qu'on l'oublie ; qu'on la méprise comme autrefois ? Non ; mais qu'on la renvoie, comme le sage Theano d'Homère, à sa quenouille ; & qu'elle s'en repose sur nous, du soin de défendre la patrie, & de veiller au bien de l'état. Dût-on rire de moi comme l'on a ri de J. J. Rousseau : je répéterai que la femme est faite pour la solitude. Les Béotiens conduisoient les nouvelles mariées dans un char dont on brûloit l'essieu à la porte, pour leur faire entendre qu'elles n'en devoient plus sortir. Quand sa foiblesse, ses devoirs, ses fréquentes infirmités, l'unanime consentement de tout l'Univers ne le démontreroient pas ; j'en aurois pour garant sa timidité, sa pudeur, que le regard effronté & trop libre de l'homme effarouche ; sa douce modestie, que l'habitude de vivre en public endurcit ; ce qu'il lui en coûte pour s'y accoutumer ; le peu qu'elle est dans la société par elle-même sans le vice, les maux nombreux qu'elle y fait naître ; enfin la perte de ce plaisir si doux qu'on sent à la retrouver après une courte absence ; plaisir que tue un mélange immodeste & journalier. Eh ! comment concevoir, disoit l'un de nos Rois, que le feu soit si près de la paille, sans y prendre quelquefois. En effet, je crois qu'il faudroit qu'une femme eût une vertu plus que surnaturelle, pour résister journellement à l'adresse, à l'ambition, à l'esprit, à l'or ; que sais-je, à tous les pièges qui l'entourent sans cesse quand elle en vaut la peine ; non que je nie la vertu des femmes, mais c'est un beau miracle, il faut l'avouer.

Trois jours après que l'Empereur de la Chine a célébré la fête sacrée & vénérable du labourage, l'Impératrice célèbre celle des travaux de son sexe. La première soutient la vie, la seconde la paix & les bonnes mœurs, sans lesquels la vie n'est que souffrances. Voilà le moyen, moyen bien simple mais unique, de remédier aux plus sinistres abus (*) : la femme elle-même n'en seroit que plus heureuse, puisque l'homme l'aimant sans crainte, l'aimeroit plus sincèrement.

Le fond de la femme est un mélange extraordinaire de foiblesse, d'égoïsme, de ridicule, recouvert d'un incurable

---

(*) Jamais la femme n'influoit, m'a-t-on dit, autrefois sur les affaires publiques. Je ne veux pas m'embarquer à citer tout ce qui prouve le contraire ; mais est-il croyable qu'un sexe qui a tant d'empire dans le sein des familles, ne l'étende pas au-delà, s'il le peut. A-t-on oublié ce raisonnement d'un Grec, qui disoit, en montrant un enfant : il gouverne sa mère, sa mère me gouverne, je gouverne Athènes, Athènes commande au reste de la Grèce. Sully disoit que la femme, instrument foible dans les affaires solides, jouoit un grand rôle dans les brouilleries. Lecteur, qu'en pensez vous ; n'est-ce point là ce qu'on voit tous les jours ?

orgueil.

orgueil. Elisabeth fut prête de rompre avec Henri, parce qu'un de ses résidens avoit dit qu'elle prononçoit mal quelques mots de françois : il fallut envoyer un Ambassadeur ; faire des excuses, & changer le Résident. Elle passa de ses propres mains une chaîne d'or, de grand prix, au col d'un jeune Hollandois, qui avoit dit à un de ses amis, d'une manière énergique, qu'elle se fit répéter mot à mot, qu'il la trouvoit à son gré. La veuve de Séleucus ne fit point ôter du port un tableau, où un peintre l'avoit représentée toute nue dans les bras d'un soldat, parce qu'elle y étoit parfaitement belle. Selon moi, le plus grand défaut de la femme, est de n'avoir aucune sûreté dans le caractère, ni dans l'ame ; d'être toujours prête à tout : jamais on ne peut se répondre de la trouver telle qu'on la laisse. En général, elle a du perçant dans l'œil, de la délicatesse dans l'expression, de la grace dans le mouvement, de la finesse dans le tact, de la légèreté dans le babil, de l'agrément dans la société ; & si j'étois sûr qu'aucune ne me lût, je dirois ; que c'est un fort joli monstre, méchant dans ses plaisanteries, perfide dans son jeu, caché dans ses manières, toujours prêt à darder la griffe ; qui vous aime aujourd'hui, demain vous abhorre ; dont l'inconstance semble une excuse naturelle à l'ingratitude, avec qui il faut enfin toujours badiner avec circonspection. Du reste, incapable de produire de bien réel, tout ce que la femme peut faire est de nous façonner, de polir nos manières, d'animer notre conversation, de détruire les pédans, de rendre aimable. Si quelques-unes vont plus loin & poussent à la gloire, c'est

Qu'une femme....., à l'aspect d'un vainqueur,
Croit partager sa gloire en partageant son cœur.

Mais ordinairement elle ne s'arrête qu'à l'esprit, qu'aux avantages extérieurs, & néglige tout ce qui ne tourne pas immédiatement à son profit, comme la vertu, les hautes sciences. Pourquoi donc se mêle-t-elle du Gouvernement ? C'est pour nous que ces soins, ces embarras sont faits ; elle ne doit être qu'aimée : cela donc est-il si pénible, & n'a-t-elle de bonheur qu'en commandant ?

Circonscrire son esprit, son ame, ses différentes qualités seroit ridicule, parce qu'il se trouve toujours quelques exemples qui dépassent : l'on peut seulement assurer que tout cela est moins ferme en général, (& ce n'est point la calomnier), moins constant, moins nourri, moins solide, moins vrai que chez l'homme ; & que dès-lors il n'a qu'à perdre en l'imitant : son goût seul est constamment mauvais & puéril. Quiconque la consulte pour écrire ou s'habiller, est un sot, & ne fait que des sottises. Sa parure est décoration ; son babil, intempérance ; sa confiance, foiblesse ; son courage, fureur : elle pousse le délicat jusqu'au métaphysique invraisemblable, la finesse, jusqu'à l'obscurité, l'esprit, jusqu'à la folie, le grand, au gigantesque. Dans les sciences, elle voudroit tout ramener au léger ; toujours elle veut du joli ; elle ne sent rien ; & l'infortunée préfère un éclair au sentiment. Depuis qu'elle inspire nos Auteurs, tous leurs écrits sont infectés de ce vice ; les méditations les plus sublimes sont galantes ; & Descartes est enfin en madrigal, comme l'histoire y est depuis long-temps. Quelle pitié! nous sommes les plus intrépides rabacheurs d'amour que la terre ait porté. Jusque dans la sauvage isle de Lemnos, on a vu l'écrivain le plus froid, le plus sec, y faire grimacer son monotone langage avec les infortunes du malheureux Philoctète. Mais, semblable à ces peuples grossiers de l'Inde, chacun représente son idole comme il la conçoit ; & nous en avons fait, à l'envi, l'assemblage le plus monstrueux, le plus étrange, que l'ignorance & la dépravation puisse jamais enfanter. Je ne crois pas que le véritable adorateur y reconnoisse davantage l'objet de son culte, que nous, l'Être suprême dans l'osture des nègres de Fétu. Voilà ce qu'on gagne à s'éloigner de la nature si régulière, si modérée dans ses opérations. Elle devroit être le modèle & la règle de nos ouvrages en tous genres : la purifier, l'embellir, comme le prétendent quelques esprits frelatés, incapables de la connoître, c'est la gâter ; c'est outrer le vrai ; c'est imiter la femme, qui, peu contente de la fraîche rougeur dont la nature l'embellit, se masque d'un rouge, aussi dégoûtant qu'invraisemblable.

Le défaut général du siècle est d'avoir le cœur sec, & de tout faire avec l'esprit) défaut encore particulier aux femmes), de manier la plume ou le pinceau avec une mignarde prétention, de toujours courir après du nouveau; le simple, le naturel commun, paroît fade ; il faut des coups de force : comme le petit peuple accoutumé aux gambades des sauteurs, nous ne savons plus goûter la danse noble d'un Gardel. Correctes, sages dans l'ordonnance d'un plan froidement conçu, nous languissons dans l'exécution. Ce n'est pas l'esprit qui nous manque, c'est le sentiment, l'élan de l'ame, ces traits de génie qui font treſſaillir. Nos ſtatues ſont bien proportionnées, joliment exécutées ; la draperie eſt légère ; le corps d'aplomb ; l'attitude hautaine ; il n'y manque que la vie ; ce qu'a cet inimitable Apollon du Belveder, ce torſe, que Michel-Ange, devenu aveugle, adoroit encore de ſes mains ſavantes : nous n'avons pas, je l'avoue, de maladreſſes groſſières ; mais nous ſommes petits. Tout cela s'accorde trop bien avec le caractère des femmes, pour ne les point ſoupçonner d'y entrer pour beaucoup ; ſur-tout quand on voit les Auteurs en être infectés en raiſon de leur complaiſance pour elles. Je devine toujours à la lecture, à quel point l'Auteur eſt répandu. Il eſt ſans doute bien d'autres cauſes encore de la décadence des ſciences, des arts & de la bonne littérature ; & je vais en eſquiſſer rapidement quelques-unes de celles qui s'éloignent le moins de mon ſujet.

D'abord je ne crois pas, malgré ce qu'en disoit Pierre le Grand, que les arts & les sciences circulent dans l'Univers, comme le sang, dans le corps humain. Ce grand homme peut-être n'en croyoit rien lui-même ; mais il falloit encourager une nation, que deux mille ans de stupidité pouvoient effrayer. N'en croyons que la vérité, nous qui n'avons guères besoin de cette ressource. Après le siècle de Louis XIV ; siècle étonnant ! siècle bien au dessus de celui d'Auguste, qui n'a que quelques Poëtes ! siècle unique peut-être dans les fastes du monde, & que les beaux temps de la Grèce seuls peuvent égaler, (n'en déplaise aux plaisans dédains de celui-ci, dont on ne parlera guères sans doute). Non-seulement l'éloquence, la poésie, la peinture, la sculpture, l'architecture, tous les arts y brillèrent de tout leur éclat en un moment, mais même ce qui jusqu'à ce grand Roi avoit paru frivole & sans règle, tel que l'art des jardins, devint une science utile, sûre & glorieuse dès ce moment.

J'ai peine à voir en quoi ce siècle mémorable n'a point excellé ? aussi fallut-il bien du temps pour le préparer ? Quelle foule de Rois ont aimé & protégé les sciences & les arts ; sans compter que les anciens Gaulois s'en occupoient avant l'entrée de leur vainqueur. Charibert, *dit Fortunat*, eut de bons maîtres. Il aimoit les arts & la paix, si propre à les favoriser. Chilpéric son successeur, étoit savant, & les protégeoit. Les vers qui nous restent, prouvent qu'il savoit bien les règles de la poésie latine & de la rapsodie : il imagina même de nouveaux caractères ; mais ils n'eurent aucun cours. Charlemagne aima passionnément les lettres, & fit tout son possible pour en enrichir la France. Robert, surnommé le pieux, fut savant pour son temps : Saint Louis l'étoit aussi. Charles V, éloquent & savant. Charles VI, Charles VII protégeoient les hommes instruits. Louis XI attira les Allemands, qui apportèrent l'impression. Louis XII aimoit les lettres.

François Ier, Henri II, virent plusieurs bons poëtes. Charles IX les favorisa. Henri IV, Louis XIII, Louis XIV, Louis XV, ne s'occupèrent qu'à attirer de tous côtés, les savans, les poëtes, les artistes, &c. Et nous, qui depuis, n'avons peut-être pas trois hommes d'un vrai mérite à lui opposer ; nous qui n'avons fait aucune découverte, rien de bon, rien d'utile, nous osons..... *risum teneatis, amici.*

L'histoire prouve que la science se plaît dans une grande partie des contrées Méridionales, & peut fleurir jusqu'à l'Angleterre, qu'elle semble n'avoir jamais dépassée au Nord. Tous ces pays infortunés, qu'écrasent des neiges aussi vieilles que le monde, & des nuits de six mois, l'effrayent autant que l'esclavage ou la gêne ; on diroit même qu'elle affectionne des cantons particuliers. Avec quelle rapidité ne prit-elle pas racine en Grèce, pour s'élever plus forte & plus brillante, que dans ces contrées, d'où quelques sages en avoient arraché,

(si je puis m'exprimer ainsi) quelque bouture. Périclès veut embellir Athènes : tout-à-coup il éclate de toutes parts des artistes capables d'enfanter ces chef-d'œuvres, qui font tomber avec amertume le ciseau, la palette, du plus habile artiste de notre temps. De Thespis à Sophocle il n'y a que cinquante ans ; il s'en est écoulé cinq cents de *l'Infanterie Disjonnoise* ou *la Mère folle*, jusqu'à Corneille ; jamais les arts & les sciences, ne firent, en aucune partie du monde, des progrès si rapides. Quiconque aura vu de ses propres yeux ce petit canton, qui n'est pas si grand, à lui tout seul, qu'une de nos provinces, ne s'en étonnera point. Quelle rare situation ! quelle fertilité ! que le ciel, la terre, toute la nature y paroît belle. Nulle part il ne se rencontre de paysages plus enchanteurs, de vue plus étonnante, de boccages plus délicieux ! Jamais le triste hiver n'en souille la verdure ; c'est toujours la saison de l'amour & du plaisir. Tout ce que la terre, les forêts, les mers peuvent offrir de plus varié, de plus flatteur, s'y mêle aux chef-d'œuvres des arts. Les femmes y sont belles & tendres, les cœurs délicats : tous les Dieux y prirent naissance, y fixèrent leur séjour. Rives heureuses, que j'ai foulé avec respect ! débris majestueux ! éloquens témoins de la grandeur du peuple que vous faites revivre ; de ces Grecs, nos rivaux & nos maîtres. Athènes ! superbe Athènes ! où le génie pouvoit il se plaire davantage ? Quelle ville étoit plus digne d'être le berceau glorieux des sciences : par-tout ailleurs, plantes exotiques, qui ne poussent qu'à regret de pâles & frêles rejettons sous les mains assidues à la cultiver : elles ne semblent, dans leur vrai pays, qu'au pied du Parnasse ; qu'en Grèce, où l'on voit encore, sous le despotisme le plus écrasant, briller quelque lueur de génie ; comme on rencontre avec surprise au milieu de l'hiver une violette impatiente du printemps, dont le parfum, dont les couleurs ravissent encore plus au milieu de cette consternation générale de la nature. Peut-être m'en fais-je une trop belle image. Oui, j'avoue mon foible : le nom seul de la Grèce me fait palpiter; il rappelle à mon esprit ce qu'il y a de plus sublime; & à mon cœur, les plus doux sentimens ; & je jouis de mon erreur, comme un amant sensible jouit des charmes qu'il prête à l'objet qui l'enivre. Certes je ne serois pas fâché qu'un peu d'enthousiasme embellisse mes rivaux de gloire ; ces hommes divins que je désespère d'égaler, mais que j'imiterai d'autant plus, que je les croirai plus parfaits.

Outre les avantages naturels & la sérénité continue du climat ; qui influe plus qu'on ne croit sur le cœur & l'esprit : les Grecs s'attachoient à nourrir le sentiment si essentiel pour l'écrivain & l'artiste. La Religion, les coutumes, les fêtes, tout parloit à l'ame ; tout y fomentoit, y nourrissoit cette sensibilité précieuse qui trouble quelquefois notre bonheur, mais qui seule fait le génie. Ils ne pouvoient ni sortir, ni rentrer d'une ville, fans être frappés des tombeaux de leurs ancêtres : ces froides dépouilles les rappelloient à eux-mêmes ; les entretenoient de ce terme inévitable, où chacun doit aboutir ; & devant ce grand intérêt, devant l'obfcurité d'un avenir inquiétant, fe diffipoient ces petites difputes d'un moment, cet égoïfme monftrueux, l'effence de notre fiècle & l'exécration de la nature. Plufieurs fois dans l'année l'ame alloit faigner fur ces foffes vénérables, & pleins de larmes délicieufes, les yeux retrouvoient avec joie les images auguftes de fes parens, placées, non dans quelques coins obfcurs & déferts, comme de nos jours, mais dans le lieu le plus faint, le plus fréquenté des Pénates ; ainfi, malgré la rigueur du fort, on vivoit encore avec eux. L'effigie des grands hommes élevoit l'ame, dit Fabius, & felon Polybe enfanta ces nombreufes actions, fruit d'une jufte, d'une fublime jaloufie. Forcé de fortir de foi-même, l'intérêt de l'humanité, de la gloire de la Patrie, se rencontroient quelquefois sur sa route ; quel cœur y pouvoit résister ? Eh nous ! malheureux enfans d'un siècle sans émulation, il semble que tout s'acharne à écraser quiconque annonce du talent. Faites une découverte rare, un livre neuf, utile, pour voir une nuée de pâles envieux déchiqueter, calomnier l'ouvrage pénible de vos jeunes années : le timide apprentif n'osant douter d'une incapacité dont tout l'accuse, se décourage, se tait, & rentre dans la poussière. Le génie lui-même n'est plus à l'abri des cris forcenés de cette noire séquelle. Rousseau se voit insulté jusques dans sa tombe ; & par qui ? quel homme assez supérieur, assez transcendant ? de vils journaliers, de ridicules barbouilleurs à la toise, qui de leur doctorale élévation prononcent qu'il est fou. Eh ! qu'êtes-vous donc, petits échappés de collège ! monstres d'impudence ; vous qui, faute d'avoir assez de talens pour faire connoître ce qu'il a de mauvais, de faux, de dangereux, trouvez plus court de lancer en général votre mépris. Sans doute il s'égare quelquefois ; il a des paradoxes ; il n'est point à l'abri de l'erreur. Mais quelle foule de sublimes beautés, de préceptes magnanimes, de traits brûlans rachètent ces petits écarts. Quel homme eut plus de génie, de force, de sentiment, d'éloquence ? Sa plume grave en caractère de feu ; & dans tout l'univers je ne connois que trois hommes qui puissent lui être comparés. Quand il seroit le plus méprisable de tous, ne devroit-on pas le respecter, puisqu'il est mort, comme un assaillant généreux respecte l'ennemi terrassé. Je ne veux défendre, ni tout son plan d'éducation, ni son idée sur le bonheur, ni ses contradictions : mais je défendrai son ame, sa vertu, son éloquence ; & jamais je ne laisserai dorénavant insulter celui, peut-être, à qui je dois mon innocence, mon goût pour l'étude, mon amour pour l'humanité, mon peu de talent.

Les Grecs étoient les plus sensibles de tous les peuples ; & nous, nous

sommes si durs, que je ne doute pas que bientôt on ne se moque du sentiment, comme de l'esprit ; que nos grands génies appellent bel esprit. Athènes avoit un autel à la Pitié ; & moi, j'ai vu un monstre, un tigre, de quel nom l'appellerai-je ? avec cent mille écus de rente, refuser avec ironie un morceau de pain à un pauvre. Tout bouffis d'orgueil, nous n'avons que du faste ; nous n'existons qu'au dehors. Point de volupté dans nos plaisirs, de recherches dans notre molesse, de jouissance intérieure dans nos fêtes. . . . .
. . . .
. . . .
. . . . . Notre théâtre devient une Grève ; notre comédie, de froids sermons ; nos repas sont sans gaieté ; nos compagnies sont taciturnes, la méfiance y bride l'épanchement de l'ame. Nos artistes ne font plus que du sombre. A la dernière exposition des tableaux, on ne voyoit que tortures,

que souffrances, que dislocations savantes ; l'ame seule étoit oubliée : on ne sait comment en peindre les orages, les tourmens, les extases ; on ignore le sentiment, & on ne le peint ni sur la toile, ni sur le papier, ni sur le marbre ; on ne veut plus que raisonner. Les gouvernemens, sans être tyranniques, refoulent l'homme en lui-même par la crainte des espions, des délateurs. Le mariage n'est plus joyeux même les premiers jours : plus de flambeau d'hyménée ; plus de couche nuptiale ; rien ne parle au cœur ; rien ne réveille le sentiment ; il nous manque jusqu'à une patrie. Fiers de sa gloire, les anciens s'illustroient pour elle ; toujours ils relevoient leurs noms propres de son nom ; le Thalès de Millet, le Praxitèle de Gnide, le Polygnote de Thasos : *Je suis le Thircis d'Etna*, fait dire avec complaisance Théocrite à son berger. Que ne pouvoit sur eux l'orgueil d'embellir leur patrie ! Il ne falloit qu'un tableau, une statue, un chef-d'œuvre pour s'immortaliser avec elle. Thespis ne dut sa réputation qu'à son Cupidon ; on montroit pour de l'argent la belle Hélène de Zeuxis ; le nom de Parthenus nous est parvenu pour exceller seulement à faire des balances justes ; Mumurius entendit célébrer ses louanges dans les hymnes, & les fêtes de Mars, parce qu'il avoit fabriqué les boucliers des Prêtres Saliens ; le génie, l'homme supérieur dans quelque profession que ce fut, étoit sûr de s'illustrer. De nos jours, nous avons vu le célèbre Hercule Zegher, Peintre Flamand, malgré l'obstination de son courage à faire des découvertes rares & précieuses, ne pouvoir même en obtenir un modique salaire, & mourir de faim. Galilée fut mis en prison pour avoir deviné les Antipodes. Point d'Auteurs renommés, de grands hommes, qui ne soient morts dans l'exil & les plus cruelles persécutions. L'homme est avare cependant ; il ne travaille que pour jouir : ôtez cet espoir, qui voudroit user stérilement ses jours dans l'étude ? Que n'a point fait Cicéron pour être nommé par l'historien de son temps ?

Croiroit-on que parmi cet avilissement des Artistes, & des Ecrivains, ce pacte général pour étouffer le génie naissant : chacun se piqua néanmoins du faste de la science. L'on voit jusqu'à nos très-occupées petites maîtresses courir à des cours de chymie, de Physique ; y minauder, & sortir hérissées de grands mots, qu'elles appliquent le plus drolement, faute de les entendre. J'en ai vu s'occuper à faire des baromètres, s'entourer de glaces, de lampes d'émailleurs, de tubes, & se croire alors importantes. Dans les sociétés, c'est de l'érudition, de l'encyclopédie, de la méthaphysique, dont on dispute ridiculement ; & l'on ne sait plus où trouver de femmes qui ne raisonnent pas, ou qui n'ait point son prote. Parcourez la liste de tous les ouvrages en souscription, vous n'y verrez que des Comtesses, des Marquises, des Duchesses, &c. de manière qu'on ne diroit pas que la Noblesse étudie, mais que l'étude anoblit. Quel ridicule ! & qui de moins propres à comprendre Court de Gebelin, par exemple, que tous ces gens-là. Que veut dire, de voir à toutes les séances académiques, à tous les discours d'apparats, à tout ce qui demande de la science & du jugement, toujours une armée de femmes ; de femmes jeunes, frivoles, musquées, qui ne cherchent que des amans. Eh ! Mesdames, les boulevards & la comédie sont plus commodes, plus giboyeuses : pauvres Orateurs, taisez-vous ; ce n'est point vous qu'on écoute, mais cet élégant Damis qui, penché négligemment sur son fauteuil, les deux mains dans ses goussets, confie mille jolies choses à l'oreille de ses voisines. Bon Dieu ! de quoi sommes-nous menacés avec tous ces génies en cornettes qui, faute de pouvoir être femme aimable, se font Auteur. Exclues du trône, croyent-elles que le Parnasse soit un pis-aller, &

que la science soit mieux en quenouille que le sceptre. Faut-il s'étonner que le mauvais prévale ?

Depuis la ridicule Marquise de St. Lambert, qui inventa ces cotteries littéraires, on parle trop de littérature ; il y a trop d'Auteurs, pour que les médiocres, les esprits frelatés, n'aient pas le dessus & ne corrompent tout enfin. Car ils ne peuvent se faire à la gêne de la nature ; ils la rabaissent à leur portée, & dès-lors plus de mesure pour le vrai, que celle du génie d'un chacun. Un bon goût demande un sentiment exquis, une longue étude des convenances, une vraie connoissance de la nature : où donc aurions-nous pris tout cela ? où ces jeunes demoiselles qui, au sortir du couvent, vous jettent des in-folio avec la plus grande facilité, en auroient-elles eu la moindre teinture ? Aussi, dans l'ignorance profonde des principes, tout est-il bouleversé ; on confond les styles, les génies, les beautés ; & rien n'est plus à sa place. On a loué mes premiers essais de quelques tableaux. Croiroit-on que ce fût cela qu'on eût recherché dans des réflexions morales ? sans doute ; c'est un embellissement partout où ils se trouvent ; mais, en vérité, je n'y prétendois guères ; je n'en ai même laissé, plus que je n'aurois voulu, que pour me conformer au mauvais goût du siècle, & me faire lire à l'aide de ce frivole. Pour le moindre impromptu on embouche la trompette, on se guinde, on se travaille ; toujours sur le trépied, les yeux agards, le poil hérissé, terrible, non du Dieu qui inspire, mais du mauvais goût, de la ridicule vanité de montrer de l'esprit ; & l'on n'enfante plus que de ridicules productions. On ne consulte ni les règles, ni les modèles ; & l'on écrit trop tôt. Je sens bien qu'on peut m'objecter à moi-même : peut-être aura-t-on raison ? Mais si l'on savoit que depuis treize ans j'emploie à écrire tous les instans où le malheur me laisse la tête libre ; que j'ai déjà eu le courage de brûler quatre volumes sans en rien réserver, faute de pouvoir consulter: j'obtiendrai, sans doute, l'indulgence. Quand j'aurois tort, je n'excuserois pas les autres de ce vice mortel pour le bon goût & la littérature. Il semble que de nos jours on réalise la folie, de Raimond de Lulle, qui prétendoit mettre chacun en état de parler avec éloquence & doctement de ce qu'il ne savoit pas. Nous sommes la triste preuve de la possibilité d'une pareille chimère.

Calimaque disoit qu'un gros livre étoit un gros mal. Grand Dieu! que diroit-il, s'il revenoit au monde? qu'à force de gros maux nous sommes mourans; & je le crois. L'Imprimerie a bien servi les hautes sciences, on ne peut le nier; mais en perdant la littérature. Le jeune homme sans guide est obligé de traverser toute l'ordure des bouquins (toujours communs, toujours bon marché), avant d'arriver aux bons livres; & toute sa vie s'en ressent: quand il n'y auroit que cet inconvénient (nul quand les livres étoient rares; car on ne s'attachoit qu'à conserver les bons), l'Imprimerie feroit un malheur. Mais il en est bien d'autres que je ne puis dire faute de temps, & pour ménager l'amour propre de certain Lecteur.

Il y a près de deux mille ans que Lucius a dit, banissant cette modestie importune qui donne mauvaise idée de soi : ayez la démarche fière, le ton arrogant ; ayez un habit, une suite magnifique, avec cela de beaux mots, & des phrases à la mode ; forgez-vous-en même au besoin ; dans Athènes ne manquez point d'alléguer les vieilles chroniques, le mont Athos percé, l'Hellespont enchaîné, &c. ayez une forte cabale pour vous prôner ; célébrez vous même vos propres louanges ; ne louez que vous. Si les autres disent quelque chose de bon, ne manquez pas de le décrier, ou de dire qu'il est volé.... N'est-ce point là le portrait de nos modernes Philosophes, de Voltaire qui, riche, plein de mémoire & de morgue, diffamé ce qui valoit mieux que lui ; [il] s'est fait tant de partisans (dont [il a] toujours mauvaise opinion pour les [mœ]urs), par ses plaisanteries & son [mor]ceau flatteur. Mais approfondissez-le comme moi, & vous verrez [que] ces bons mots se réduisent à une [vi]ngtaine, qu'il répète & tourmente [en] tous les sens ; que toutes ces objections contre les livres saints, il les [a] prises dans Dom Calmet, qui les [ra]pporte pour les réfuter ; mais que [ce]t homme de mauvaise foi n'a fait [u]sage que des objections, qu'il étoit, [to]utes foibles & fausses qu'elles sont, [in]capable de trouver lui-même. Cette [ri]dicule & persécutante secte qui ose [di]re, *hors nous & nos amis, nul n'aura [du] mérite*, est encore une grande cause [de] la décadence, & du peu de progrès [d]es lettres ; car il faut penser comme [e]lle pour en être adopté : & quel esprit [u]n peu juste, un peu vertueux, voudroit être l'organe, & l'instrument du [m]ensonge & de la corruption.

Je n'ai garde d'oublier la dissipation

du jeune homme qui emploie à courir, à voltiger, à faire des riens, ce temps précieux de moisson ; cet âge où il devroit se nourrir de tout ce qu'il y a de bon : autrement, dans l'oisiveté, dans la débauche ; l'esprit s'affoiblit, la mémoire s'altère, le cœur se cangrène ; &, par une conséquence inévitable, les écrits doivent s'en ressentir. Voilà, sans doute, comment les mauvaises mœurs nuisent aux lettres & aux arts : car, je vous le demande, qu'est-ce qui dégrade plus l'homme que les mauvaises mœurs, & qu'est-ce qui les engendre, si non la débauche. C'étoit mon sentiment, lorsque je me suis borné dans mon premier essai à faire voir les causes de notre avilissement : en effet, je suis certain qu'un homme corrompu ne peut rien faire de grand, de noble ; qu'il doit porter en tout la bassesse de son ame, la corruption de son esprit : eût-il plus de génie qu'Homère, jamais il ne le vaudra. Tout cela me paroissoit si incontestable, que je n'avois pas même songé à le dire. Je vois que beaucoup ne m'ont pas compris, & certes je ne pouvois le deviner. Maintenant j'apperçois mille raisons personnelles pour eux de ne me point entendre encore ; & peut-être en dirai-je cent fois plus sans être entendu : laissons-les donc, & tâchons seulement de ne point leur ressembler.

Pour la corruption des mœurs si générale, si effrayante, outre le penchant naturel de se pervertir, outre l'influence des femmes (*), & mille autres causes secrettes & impossibles à révéler : c'est Voltaire, oui Voltaire lui-même que j'ose encore en accuser. Il prêta le coloris de l'esprit le plus

---

(*) Que les époux ne respectent point assez dans la couche nuptiale. Faits au manège des prostituées, ils exigent de leurs femmes les mêmes complaisances, toutes ces recherches honteuses qui répugnent à la pudeur ; & petit-à-petit il les aguerrissent contre la honte. Est-il étonnant qu'elles soient si effrontées.

léger à cette facile érudition que tout le monde possède. Il couvrit de tout l'enjouement des graces, les sentimens d'un cœur corrompu, ce que tous les coquins, les hommes dépravés sentent & pensent; aussi est-il dans toutes les anti-chambres. Ses ouvrages sont une fourmilière d'ordures, de tableaux infâmes, mais séduisans; lui seul il renferme plus de saleté que les livres les plus honteux; & cependant tout le monde l'a; une femme honnête ne se fait pas scrupule de le lire, de le méditer, de s'offrir avec ses œuvres à la main. Voyez ce qui en résulte : le pécus d'imitateurs a cru facile, pour se faire lire, de le copier; chacun s'est jetté de plus en plus après l'esprit, & la maladie générale est devenue incurable. Souvent on propose de faire le tableau de son influence sur le siècle. Je vous assure qu'il seroit bien triste : la France lui doit plus de filles perdues & de scélérats, qu'à la corruption de la nature; & malgré tout son esprit, si j'avois eu quelque part au

Gouvernement alors, je l'auroit fait priver de plume & de papier ; car il vaut mieux avoir plus d'honnêtes gens, & moins de bons ouvrages.

Enfin je crois que, malgré ses bonnes intentions, l'Académie soutient, fomente, hâte la perte du goût. D'abord je me plaindrai qu'un Académicien, à son admission au sacré fauteuil, fasse un discours plus long, plus ronflant, plus enthousiaste, que Casimir déposant la Couronne : ensuite qu'elle permette à un de ses membres le plus distingué, d'avancer des hérésies, telles que de se moquer de ces plaisans Grecs qui vouloient passer pour grands (sans avoir mille lieues quarrées de pays) parce qu'ils faisoient de grandes choses avec de petits moyens : certes j'aurois cru que le peintre de la nature, accoutumé à son économie, eût loué au contraire un bien en raison du peu qu'il coûte. Comment peut il estimer un peuple par l'étendue de la terre qu'il habite ? Ne sait-il pas que la Russie vaste de onze cent mille de nos lieues quarrées, n'en est pas plus illustre, ni plus à louer ; & que le petit canton de l'Attique, qui, sur huit cent mille hommes au plus, offroit des foules de héros, d'orateurs, de peintres, de grands hommes, &c. n'en est que plus estimable, puisqu'il falloit que le commun du peuple y valût mieux qu'en France, par exemple, où trente millions d'hommes, en douze siècles, n'ont pu en offrir la moitié. De plus je lui reprocherai cette mode funeste de donner des panégyriques. Premièrement, parce que peu de personnes mérite cet honneur ; secondement, parce que ce genre est un des plus borné, des plus difficile, des plus dangereux pour un siècle qui ne parle que par exclamation ; Que c'est contribuer à l'emphase, au gigantesque, à cet esprit minutieux, analytique, l'ennemi du grand, de la vérité & du sentiment ; c'est fortifier les vices du jour. Que lui dirai-je sur . . . . . . de ses couronnes ? Rien, car tous les bons esprits, tous ceux qui font dignes de l'immortalité, les méprifent ; & qu'il faut laiffer aux enfans des gâteaux : pour le choix banal de fes membres ; ma foi, je le pardonne encore : il y a bonne fociété hors de fon fein. Ce que je ne puis excufer de même, ce font fes innovations dans les règles du bon goût, & les principes de la Langue Françoife. On peut, je le fens, la perfectionner encore, lui donner plus de mouvement, la débarraffer de ces incommodes particules, dont on fe paffe en retournant long-temps fes phrafes. On peut lui donner de la fineffe, comme Racine : *Venez dans tous les cœurs faire parler vos yeux. M'avez-vous, fans pitié, relégué dans ma Cour.* Corneille a dit, avec bien de l'éloquence : *aux périls de Sylla, je tâtois leur courage,* &c. Voilà tout ce que l'on peut & doit faire : car bouleverfer une langue confacrée par les bons Auteurs du fiècle de Louis XIV, inventer, comme les modernes Néologues, des manières entortillées de s'exprimer ; n'approuver que d'insipides calambours : c'est moins corriger la langue que lui porter les premiers coups de mort ; & la priver de sa clarté, son plus grand avantage. Je crois qu'avec les instrumens, dont Malherbes, Boileau, Bossuet, Malebranche, se sont servis, on peut faire de belles choses : mais, comme dit la fable ; mauvais ouvrier n'a jamais de bons outils, & j'ai bien peur que notre pauvre siècle n'en soit logé là.

Pour répondre enfin au seul Journaliste (*) qui me soit tombé jusqu'à présent dans les mains ; d'abord je ne puis approuver ce qu'il me conseille ; d'attaquer plutôt les ridicules : & qu'importe qu'on soit ridicule pourvu qu'on soit vertueux. Ce n'est point un homme aimable, un Dameret, que je prétends former, mais un cœur honnête, un vrai citoyen, un père sensible, un

───────────

(*) Le Censeur universel Anglois. N° 50.

mari complaisant, raisonnable. Les ridicules sont pour Thalie ; mais les vices, les vices qui nous rendent si odieux ; qui troublent à tous momens la société ; qui coûtent tant de larmes & de sang : voilà ce qu'il faut attaquer, poursuivre, arracher, n'importe à quel prix. Les Tigellins, les Balatro, les Cotin, les Tardieu, étoient de mauvais Poëtes, de plats Ecrivains ; soit : eh bien ! la postérité les oubliera. En est-il ainsi des Sillas, des Verres, des Mayennes, des Ravaillacs, de tous ces monstres dont la débauche & la férocité ont soulevé tant de fois la nature, ont ébranlé tant d'Etats ; lequel, au fond, est le plus à craindre ou d'un scélérat, ou d'un bourgeois gentilhomme. Pourquoi, de tout tems, a-t on fait tant de loix contre le crime, aucunes contre le ridicule. Quand on pourroit détruire tous ces êtres baroques & risibles, l'amusement des oisifs, qu'y gagneroit la société ? En seroit-elle

& plus heureuse & moins corrompue ; & ce bien au fait seroit il si grand ? Que de bénédictions de gloire, ne mérite pas au contraire l'Ecrivain utile, estimable, qui s'attache à déraciner du cœur, ces passions fanatiques, l'effroi de l'univers. Quel bonheur de rendre un homme à la paix, à la vertu, & de prévenir un forfait, un seul forfait... Je donnerois vingt ans de ma vie !

Je m'élève, dit-on, avec une humeur atrabilaire contre les mauvaises mœurs. Non, je n'ai point d'humeur ; j'ai peint ce que je vois ; j'ai tâché de dire avec modération ce que je sens : qu'on me pardonne l'indignation dont je palpitois en écrivant ; j'ai fait tout mon possible pour qu'elle n'aille point jusqu'à ma plume. Est-ce ma faute si, malgré moi, elle perce quelquefois ? Que n'a t on vu tout ce que je cachois ; on me devroit bien de la reconnoissance. Eh ! quai-je tant fait enfin : j'ai suivi la marche ordinaire de quiconque veut guérir d'une passion ; j'en ai montré le hideux, les risques, sans prétendre que c'en soit toujours une nécessité. J'ai dit craignez les femmes, beaucoup sont corrompues ; & voilà où elles peuvent alors vous conduire, sans que vous vous en apperceviez. N'étois-je pas obligé de fortement prononcer le péril, de l'augmenter pour effrayer : comme à l'ivrogne, on grossit toutes les suites funestes de l'intempérance : est-ce à dire pour cela que toutes les ivresses conduisent au crime ? Non. Mais, n'est-il pas suffisant, pour celui en qui il reste quelque horreur du vice, de savoir ce qui y conduit pour dès-lors s'en abstenir. J'ai montré de loin ce que la fureur de la passion, ou l'adresse des femmes coupables, a fait commettre à des infortunés, qui se croyoient loin aussi sans doute de pareilles atrocités ; & j'ai crié à l'homme sensible, à l'homme foible : crains, mon frère, crains, à ton tour d'aller jusque-la. Est-ce donc insulter, est-ce calomnier, & mon espèce, & le sexe que j'adore, que d'avancer qu'on ignore jusqu'où peut entraîner la fureur d'une paſſion, dont les bonnes ſont encore à naître. Si elle a fait commettre plus de forfaits que les autres, c'eſt qu'elle eſt la plus générale, la plus impérieuſe ; & que rarement elle laiſſe la raiſon même en état de juger ſainement encore. Falloit-il donc la louer, en vanter les charmes ; &, dans ce ſiècle, laiſſer dormir en paix un cœur innocent dans les bras du crime.

Vous eſpérez donc faire une révolution, va-t-on dire ?

Non, non ; je ne l'eſpère pas ; je ne puis même m'en flatter. Mais faut-il pour cela me taire ? Avec ce beau prétexte il n'y a donc qu'à laiſſer courir l'homme à ſa perte, ſans l'en avertir, ſans lui faire entendre les cris du remords, les conſeils de la ſageſſe, les charmes de la vertu. Juges, Légiſlateurs, Philoſophes, Prédicateurs, tout devient inutile..... Quelle erreur ? Eh ! quand je ne ferois dans le cours de ma vie, que ſauver un infortuné, que prévenir ſon ſupplice, que l'arracher aux femmes, ne ſerois-je pas bien récompenfé de tous mes longs travaux ? Lecteurs, que chacun de vous en faffe autant ; qu'au lieu de fervir la paffion de fon frère, il la combatte, il l'éteigne, & le ramène au bonheur. Pour moi, je lui dis, du plus profond de mon ame : viens homme infortuné, viens, mon frère, viens puifer avec confiance dans mon fein & les confeils & la vérité. Tous mes jours, toutes mes heures font à toi : ne crains pas de me troubler, de m'importuner ; c'eft pour toi que je veille : connois le chemin dangereux où tu cours, l'abîme eft fous tes pieds : arrête, arrête, viens payer à mon cœur le prix, le feul prix qu'il attend de fon courage ; & déformais liés par un engagement réciproque, marchons d'un pas égal & ferme vers le but immortel qui doit couronner dans le féjour immuable de la paix nos combats & la victoire.

J'ai, dit-il encore, « réfléchi
» fur la malheureufe condition de
» l'homme en fociété avec tout le

» sombre qu'on passeroit à peine
» au vieillard qui auroit gémi tou-
» te sa vie sous le poids du mal-
» heur ». J'ai tort peut-être, je l'a-
voue ; mais je n'en suis que plus à
plaindre, si, au tiers de ma vie,
dans l'âge de l'illusion & du plaisir,
j'ai assez souffert pour ne plus voir que
malheurs & dégoûts ici-bas : si dans
l'âge où tout est plaisir, moi je n'ai
que des douleurs. Faut-il être vieux
pour avoir beaucoup souffert ? qu'à
mon âge on trouve quelqu'un dont
l'ame soit plus ulcérée, dont le corps,
desséché par les tourmens, ait si
longuement dépéri dans la douleur,
dont l'existence soit si contrariée,
& je me tais. J'avois une amante ;
je ne l'ai plus ! Depuis, j'ai cru à
l'amitié, à la nature......... Malheureux ! tout cela m'a trompé. Mon ame,
mon ame que dévore la soif d'aimer,
ne sait où se reposer, où s'attacher.
Je vis seul, je m'effraye d'être sensible, & je le suis pourtant, & il me
manque quelque chose à aimer.... &

j'aurois tort de me croire à plaindre. Dieu du ciel ! Quel sort que de survivre à tous ses attachemens, que de replier sur soi sa propre sensibilité, faute d'objet extérieur pour la développer, que de s'en tourmenter & de verser stérilement des larmes sèches sur les durs sentiers d'une vie pénible. O besoin inconcevable d'un attachement ! besoin délicieux ! autant l'on est heureux en te satisfaisant, autant tu me fatigues, tu me gonfles, tu me déchires ! mourrai-je donc ainsi ?

Enfin, il me reproche d'accuser, dans ma seconde partie, les femmes de tout le mal qui se commet. Il se trompe, je ne les accuse pas de tout ; mais bien de la corruption de l'homme, & de ses mœurs (qui ne sont au fait que le mélange monstrueux & journalier des deux sexes), & puis de tout ce que produisent les mauvaises mœurs. C'est à ceux qui connoissent l'Histoire à voir jusqu'où tout cela s'étend. Je ne serai pas coupable de ce qu'ils trouveront, à moins qu'on ne le foit de dire la vérité. Mais alors je me ferai gloire de l'être beaucoup. Ce que je puis dire maintenant, pour raffurer les femmes (& les galans), c'eft que voici, j'efpère, la dernière fois que j'en parlerai ; non pas que je n'en eus plus encore à dire, mais j'ai choifi l'effentiel, ce qu'il importe à nous autres hommes de favoir : du refte, je veux laiffer croire aux femmes, qu'on ne peut les connoître davantage ; & que, par conféquent, je les ai ménagées par ignorance. Je cherche à oublier ce que je fais (s'il eft poffible), plutôt que d'en faire parade ; & finis comme ce Cardinal (envers un Pape, chofe un peu différente, mais que je cite comme venant bien ici) : Mefdames, voici la dernière fois que vous entendrez la vérité : adieu, je retourne dans la foule vous adorer.

F I N.

Nota. Il y a plus de six mois que tout ceci est entre les mains d'une personne que des raisons particulières ont gênée. Au reste, je demande pardon au public de la médiocrité de cet écrit, qu'avec d'autres circonstances, & plus de matériaux, j'aurois rendu quelque peu meilleur. Mais j'étois sans livres, & n'avois pour tout aide qu'une mémoire très-foible, & assez mal meublée ; & loin de pouvoir m'aider de conseils, je suis forcé de marcher seul & de m'éclairer, comme Pierre le Grand, de mes propres défaites.

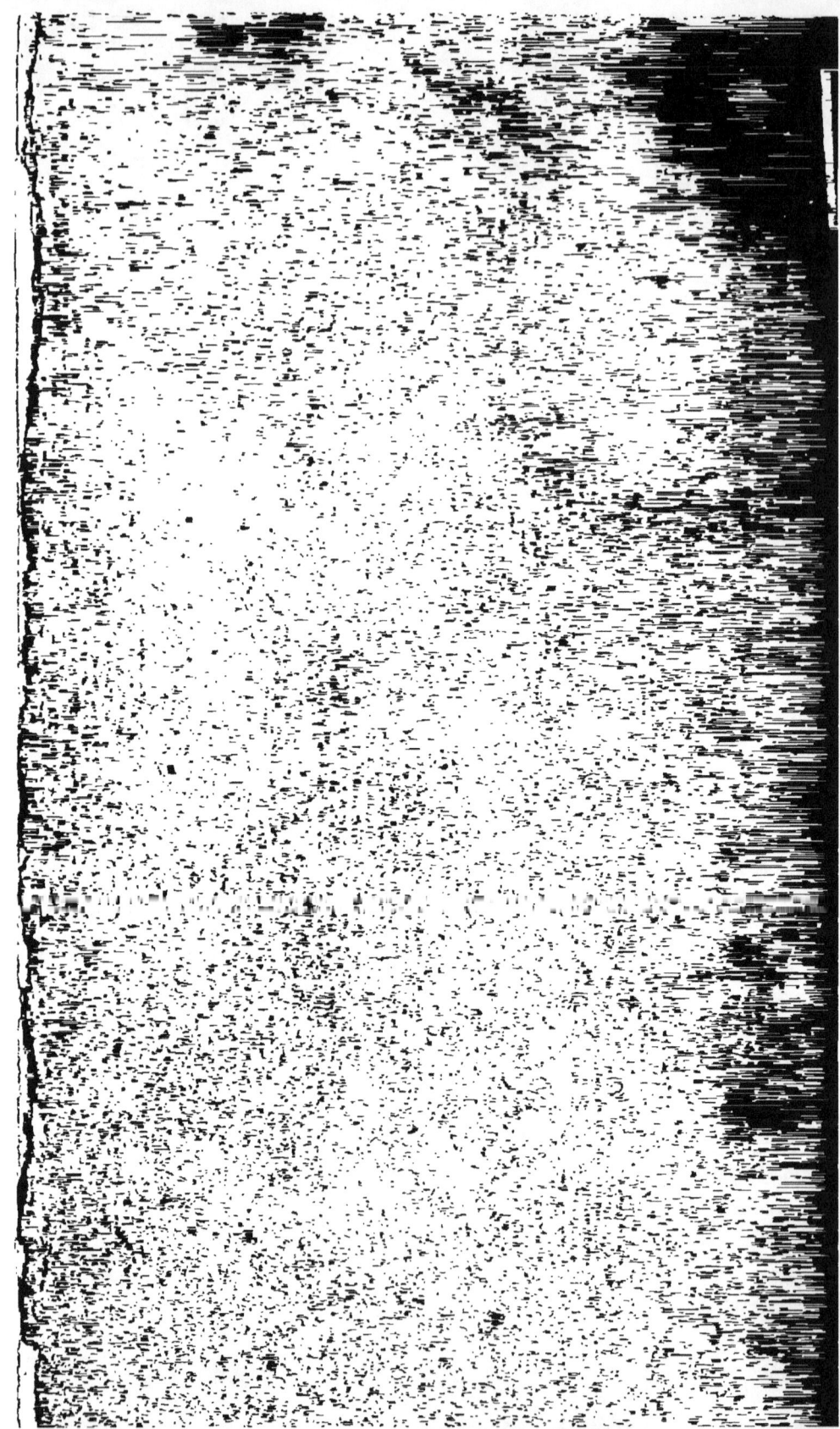

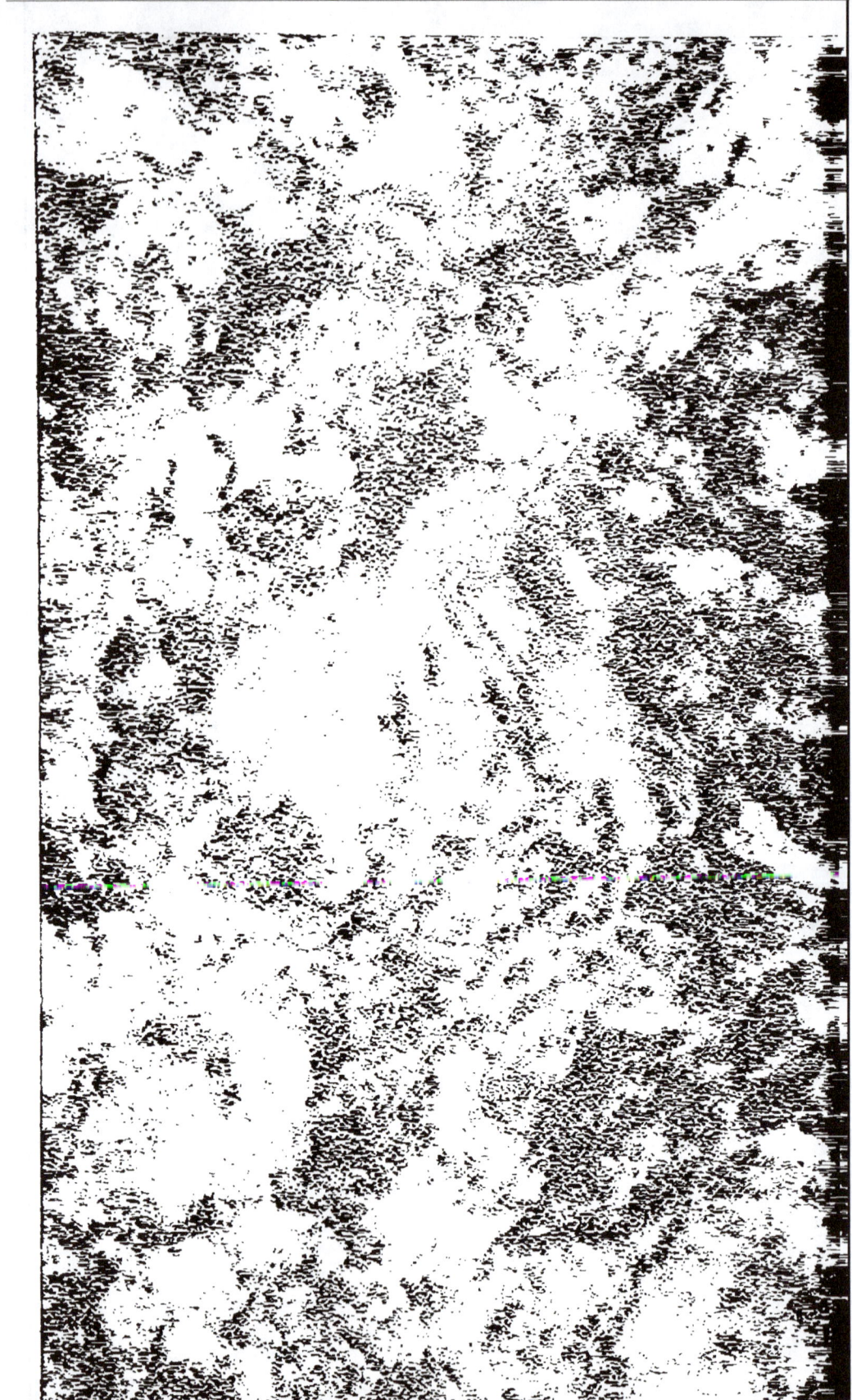

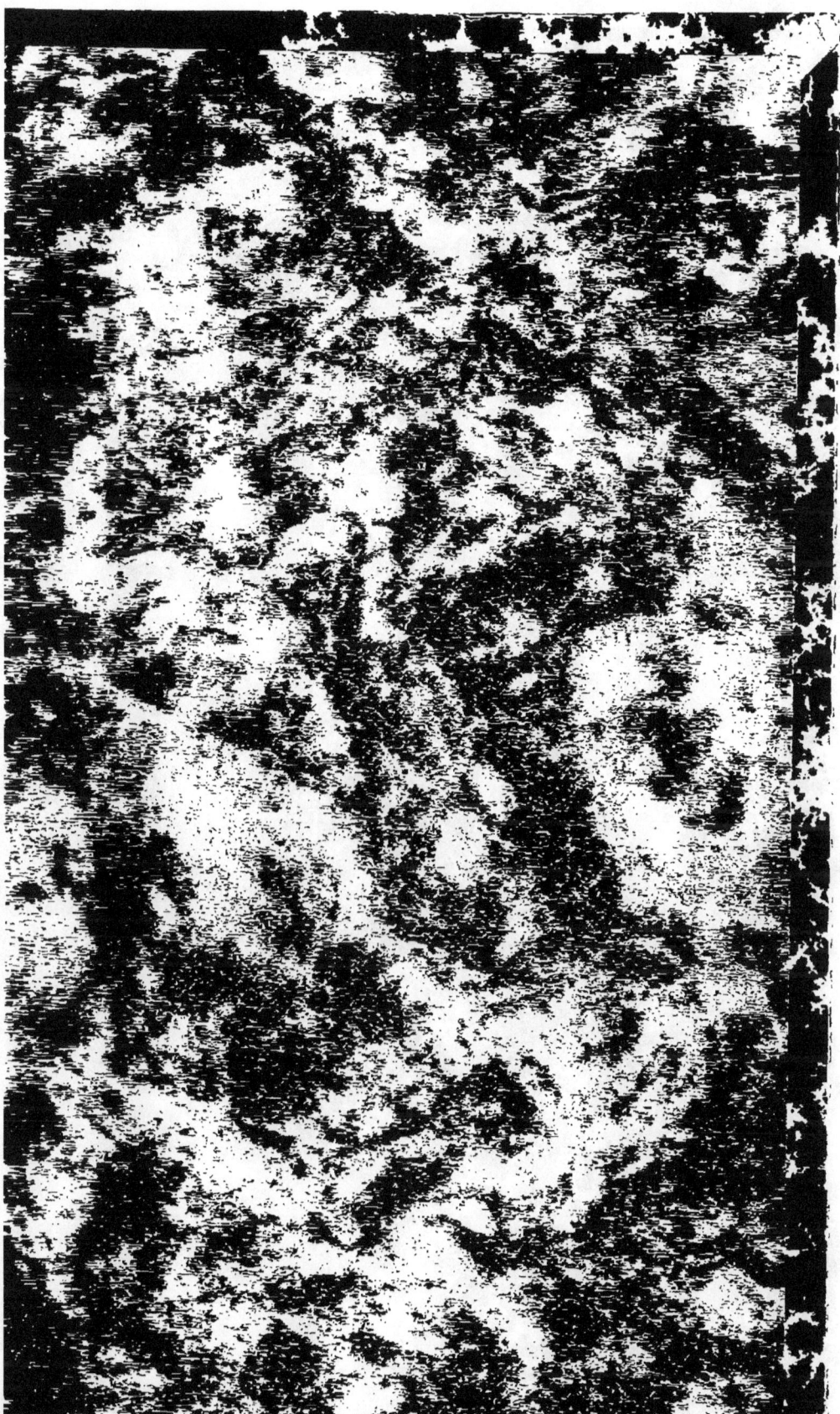

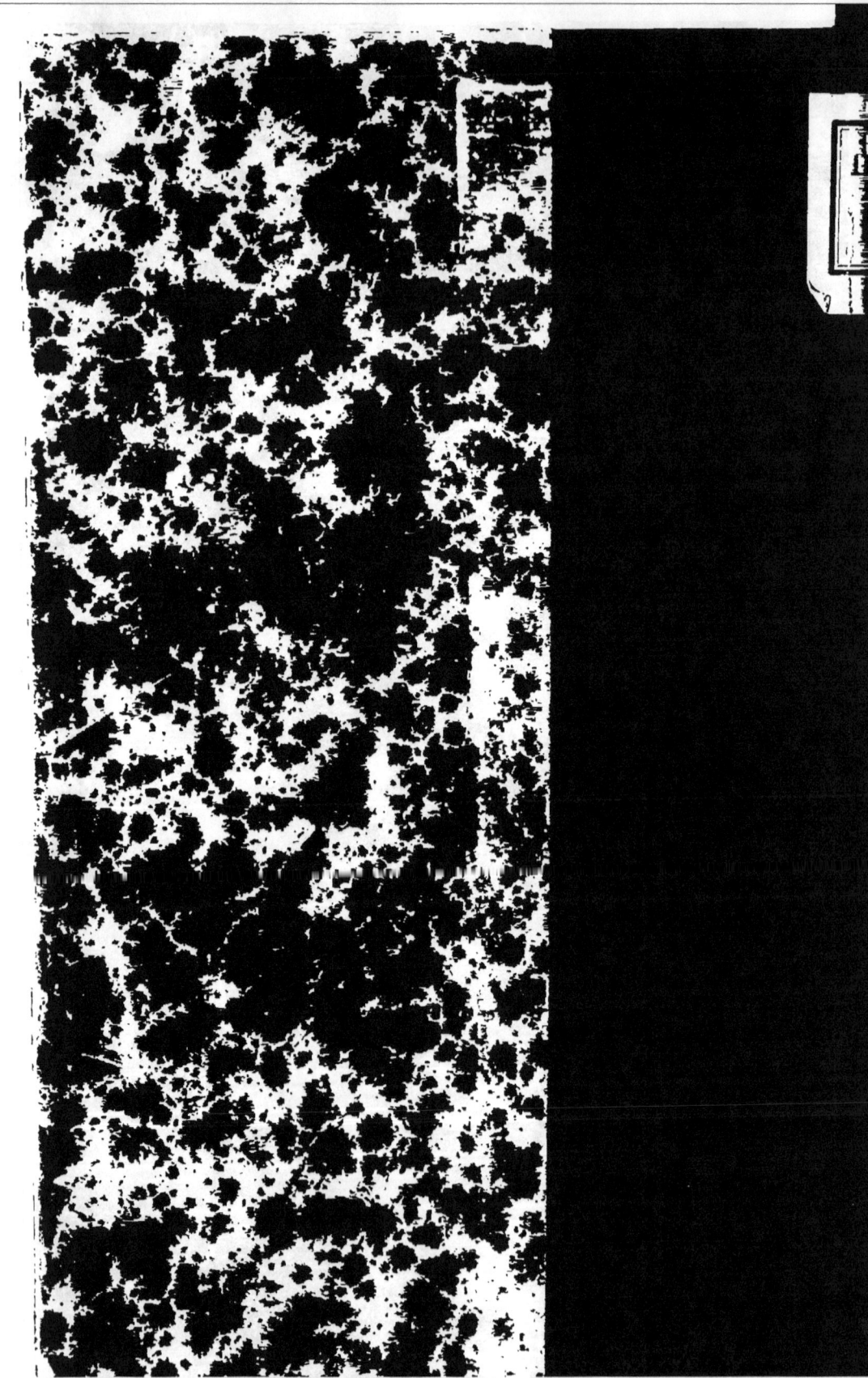

www.ingramcontent.com/pod-product-compliance
Lightning Source LLC
Chambersburg PA
CBHW071937160426
43198CB00011B/1436